MI PRIMERA ENCICLOPEDIA EN COLOR

Jean Stroud

EDITORIAL MOLINO
BARCELONA

El universo

El universo está formado por la Tierra que nosotros habitamos, el Sol y sus demás planetas, millones y millones de otros cuerpos, y el espacio en sí. El sistema solar no es más que una parte diminuta del universo. El Sol es el centro del sistema solar. Nueve grandes planetas giran alrededor del Sol y nuestra Tierra es uno de ellos. Los otros son Mercurio, Venus, Marte, Júpiter, Saturno, Urano, Nepturno y Plutón. Un planeta es una gran esfera de rocas y gases. La Tierra está situada a millones de kilómetros del Sol. El Sol es muy importante para nosotros, pues nos procura luz y calor. Algunos planetas, entre ellos la Tierra, tienen satélites que giran a su alrededor. La Luna es el satélite de la Tierra, y está más cerca de ella que el Sol. Cuando vemos el Sol, nos parece grande, redondo y resplandeciente. Esto se debe a que es la estrella más próxima a nosotros. Es una de los millones de estrellas que forman el universo. Las demás estrellas que vemos en el cielo nos parecen pequeñas, pero es que están mucho más lejanas de nosotros que el Sol. El Sol y todas las demás estrellas tienen temperaturas elevadísimas. Están formadas por gases. Una galaxia es una masa de estrellas. Si contempláis el cielo en una noche oscura, veréis que está poblado por gran número de estrellas. Éstas giran también en el espacio y pertenecen a nuestra galaxia, la galaxia de la que el Sol forma parte. Nuestra galaxia se llama la Vía Láctea. En el universo, hay millones de galaxias. Otros grupos más pequeños de estrellas brillantes reciben el nombre de constelaciones. El hombre utiliza las estrellas para orientarse en sus viajes por tierra y mar.

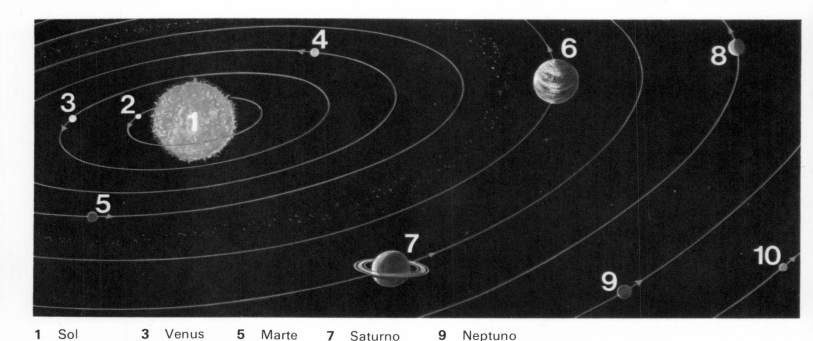

1	Sol	3	Venus	5	Marte	7	Saturno	9	Neptuno
2	Mercurio	4	Tierra	6	Júpiter	8	Urano	10	Plutón

Arriba: Los planetas que componen el sistema solar. Izquierda: Eclipse de Sol al interponerse la Luna.
Abajo: La galaxia de la Vía Láctea.

Página opuesta: El gran radiotelescopio de Jodrell Bank, en Inglaterra.

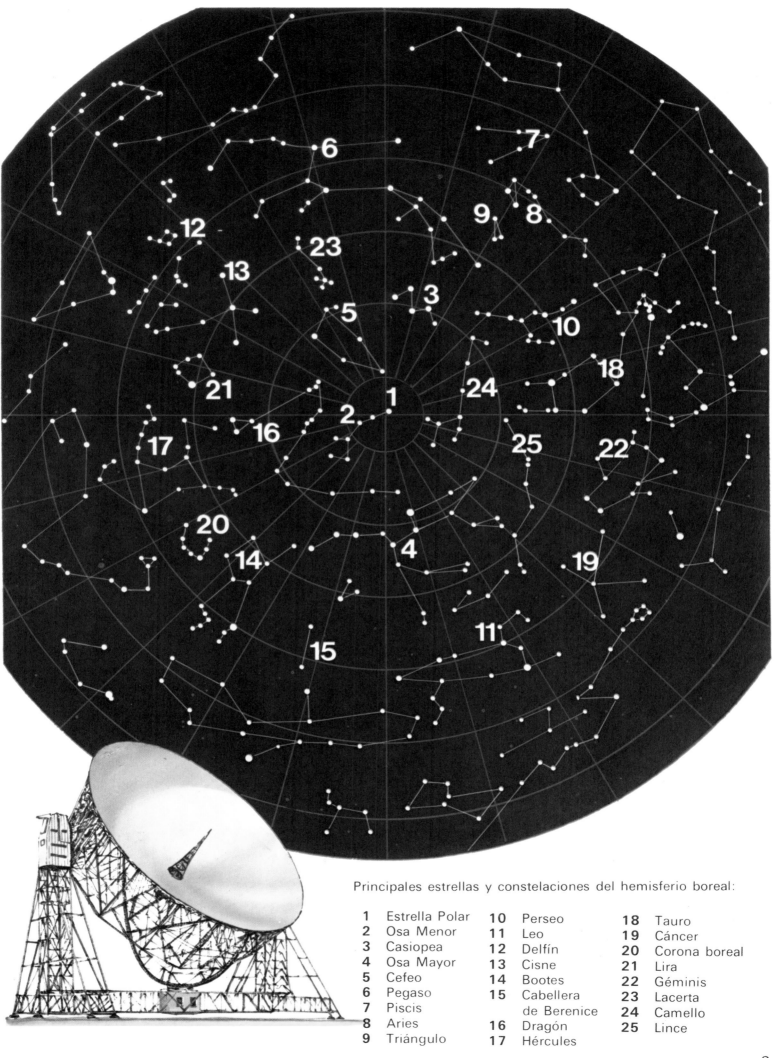

Principales estrellas y constelaciones del hemisferio boreal:

1	Estrella Polar	10	Perseo	18	Tauro
2	Osa Menor	11	Leo	19	Cáncer
3	Casiopea	12	Delfín	20	Corona boreal
4	Osa Mayor	13	Cisne	21	Lira
5	Cefeo	14	Bootes	22	Géminis
6	Pegaso	15	Cabellera	23	Lacerta
7	Piscis		de Berenice	24	Camello
8	Aries	16	Dragón	25	Lince
9	Triángulo	17	Hércules		

Cómo empezó la vida

Millones de animales diferentes viven en la tierra y en el mar. Es muy poco lo que sabemos acerca de la vida primitiva. Es posible que se iniciara, hace muchísimos años, en algún mar muy antiguo. Pero lo que sí sabemos es que las primeras formas de vida fueron muy sencillas y muy pequeñas. Los primeros seres vivientes fueron plantas, y estas primeras plantas tenían seguramente el aspecto de fragmentos de gelatina verde que flotaban en el mar. Los primeros animales fueron, probablemente, criaturas diminutas y formadas por una sola célula. Su característica más importante era la de poder reproducirse. Los seres vivientes se mueven, se alimentan y respiran. Crecen y se multiplican. Las condiciones varían constantemente. Hubo un tiempo en que los mares se secaron y se convirtieron en llanuras. Después los continentes se inundaron. Los hielos llegaron a cubrir las tierras. Se formaron montañas, lagos y desiertos. También los animales y las plantas cambiaron y adoptaron nuevos aspectos. Este proceso de cambio gradual recibe el nombre de evolución. Los animales y plantas actuales descienden de otros que vivieron hace mucho tiempo. Los primeros animales carecían de columna vertebral, y a los animales sin columna vertebral se les llama invertebrados. Después aparecieron los vertebrados, o sea animales provistos de columna vertebral. Los peces poblaron los mares y la vida se propagó a la tierra.

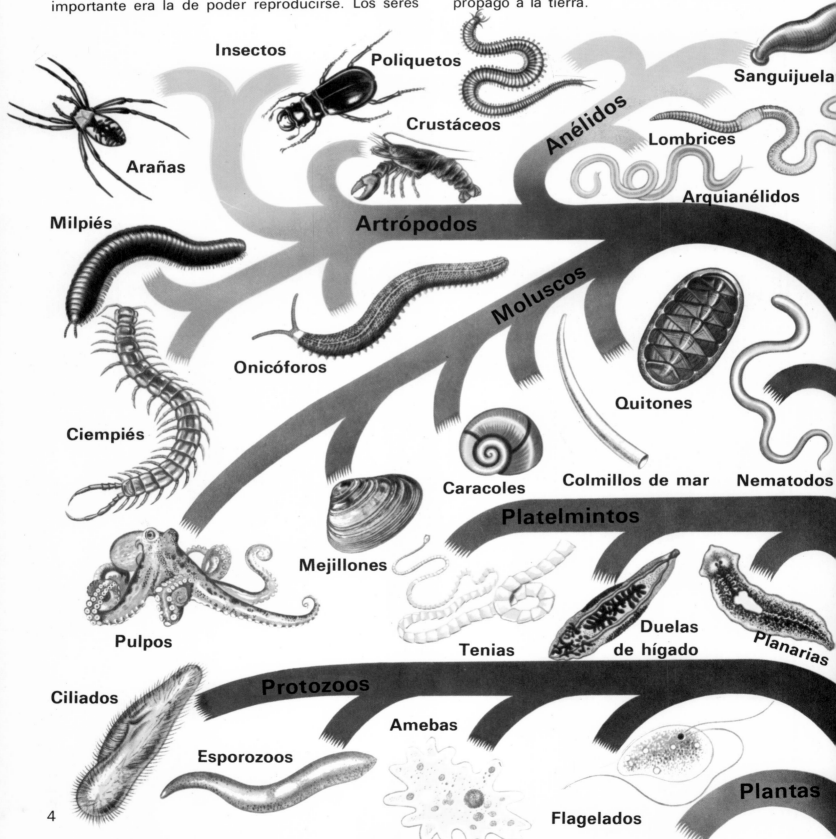

Insectos

Poliquetos

Sanguijuela

Crustáceos

Anélidos

Arañas

Lombrices

Arquianélidos

Milpiés

Artrópodos

Moluscos

Onicóforos

Quitones

Ciempiés

Caracoles

Colmillos de mar

Nematodos

Platelmintos

Mejillones

Duelas
de hígado

Planarias

Pulpos

Tenias

Ciliados

Protozoos

Amebas

Esporozoos

Plantas

4

Flagelados

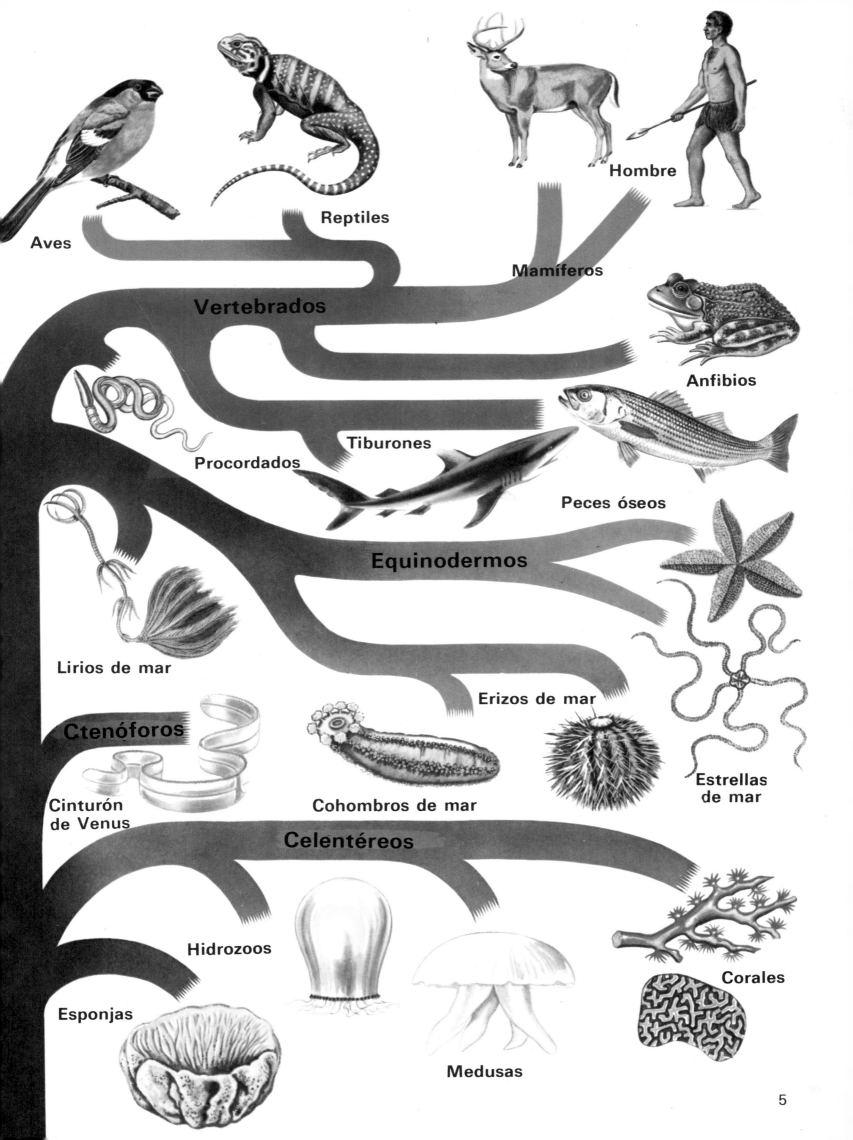

Aves

Reptiles

Hombre

Mamíferos

Vertebrados

Anfibios

Procordados

Tiburones

Peces óseos

Equinodermos

Lirios de mar

Erizos de mar

Ctenóforos

Cinturón
de Venus

Cohombros de mar

Estrellas
de mar

Celentéreos

Hidrozoos

Corales

Esponjas

Medusas

Animales prehistóricos

Mucho tiempo antes de que el hombre apareciese en la Tierra, ésta era habitada por grandes reptiles llamados dinosaurios. La palabra dinosaurio significa "lagarto terrible". Algunos dinosaurios eran pequeños, no mayores que una gallina, pero otros eran gigantescos. El mayor animal terrestre conocido fue el braquiosario, que pesaba veinte veces más que un elefante adulto. Se alimentaba con plantas. Otro gran reptil fue el megalosaurio. Era un carnívoro y corría sobre sus patas traseras, utilizando la cola para mantener el equilibrio. El tiranosaurio fue el mayor animal carnívoro que ha vivido en la Tierra, y fue uno de los últimos dinosaurios. El tiranosaurio devoraba a los dinosaurios herbívoros, o sea los que comían plantas. Este enorme animal tenía garras en las patas posteriores. El iguanodonte vivía en las cercanías de los lagos. En las aguas de éstos vivían el brontosaurio, un reptil de cabeza pequeña y cuerpo voluminoso, con una cola muy larga. El estegosaurio tenía el lomo cubierto de placas óseas, una cola provista de pinchos y un cerebro pequeñísimo. En el mar vivían grandes monstruos marinos llamados plesiosaurios. El ave más antigua que conocemos es el Archaeopteryx. Su tamaño era el de un palomo y tenía garras en los extremos de sus alas, así como dientes. Los dinosaurios se han extinguido por completo. Desaparecieron hace millones de años y los mamíferos ocuparon su lugar. Gracias a los fósiles, conocemos bien a estos animales. Los fósiles son los restos de animales y plantas que vivieron hace muchísimo tiempo, o bien, sus huellas en la piedra.

El **Pteranodon,** un gigantesco reptil volador, vivía en Norteamérica.

Abajo: El iguanodonte tenía los pies palmeados, una cola gruesa y maciza, y agudos pinchos en sus pulgares.

El tiranosaurio **(Tyrannosaurus rex),** el más famoso de todos los reptiles carnívoros.

Izquierda: El braquiosaurio tenía un cuello largo y flexible. Sus movimientos en tierra firme eran lentos y torpes, y pasaba casi todo el día metido en el agua hasta el pecho.

El **Archaeopteryx**, la primera ave propiamente dicha. Evolucionó a partir de un reptil.

El **ictiosaurio** era un reptil totalmente adaptado a la vida en el mar.

Izquierda: La evolución del caballo moderno a partir del **Eohippus**.

Los fósiles que aparecen en este grabado son:
(a) un helecho
(b) un cangrejo
(c) una hoja
(d) una amonita.

El hombre

Las razas humanas suelen ser divididas en cuatro grupos: negroide, mongoloide, caucasoide y australoide. Hay razas de piel negra, y otras tienen la piel blanca o amarilla. La forma de la cabeza varía y también difiere la textura de los cabellos; éstos pueden ser oscuros o claros, lacios o rizados. Los ojos, la nariz y la boca varían según las razas. El hombre es el animal más avanzado que existe actualmente en la Tierra. Difiere de todos los demás animales. Camina en posición erecta y tiene un cerebro poderoso. Puede pensar y razonar. Utiliza el pulgar separadamente de los demás dedos. El hombre primitivo no tardó en descubrir que podía asir cosas con sus manos y aprendió a construir herramientas y a utilizarlas. Sabemos cuál era el aspecto de los primeros antepasados del hombre, por el examen de los huesos fósiles. Los primeros hombres tenían un aspecto similar al de los monos, pero caminaban erguidos y no se agazapaban como los simios. Se han encontrado restos del hombre de Neanderthal en Alemania, Francia, Italia y Bélgica. El hombre de Neanderthal cazaba osos y se cubría con las pieles de éstos. Vivía en cuevas y utilizaba el fuego para calentarse, y probablemente para cocer sus alimentos. Cuando se extinguió el hombre de Neanderthal, evolucionó el antecesor del hombre moderno, el llamado hombre de Cro-Magnon. Era también cavernícola y fabricaba exce-

Abajo: El hombre de Java vivió hace medio millón de años. Estos cazadores de la Edad de Piedra se fabricaban armas y utensilios con huesos y piedras.

El hombre de Neanderthal era bajo, macizo y forzudo. Cazaba, fabricaba herramientas, utilizaba el fuego y vivía del fuego.

Se sabe que el hombre de Pekín se servía del fuego.

lentes armas y utensilios con hueso y piedra. Cazaba para procurarse comida y vestidos. Adornaba las paredes de sus cuevas con pinturas que representaban ciervos y bisontes. Después apareció el hombre del Neolítico, o Nueva Edad de Piedra. Animales, plantas y clima eran muy parecidos a los actuales. El hombre del Neolítico se instaló en pueblos y empezó a comerciar. Este fue el comienzo de la civilización.

La raza de Cro-Magnon era similar a la humanidad actual. Sus casas eran construidas para que duraran más tiempo que las de sus predecesores.

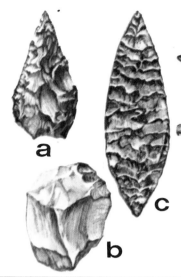
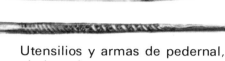

Utensilios y armas de pedernal, piedra y hueso
(a) mango de hacha
(b) machacadera de cuarzo
(c) pedernal en forma de hoja
(d) punta dentada para arpón
(e) lanza de hueso
(f) astil de venablo

En diversos lugares se han descubierto hermosas pinturas rupestres. Muchas de ellas, como estos bisontes, representan animales a los que daban caza los hombres de la prehistoria.

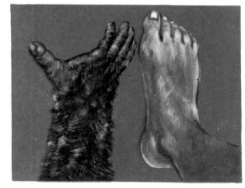

Comparación entre el pie de un mono y el de un hombre.

Mongoloide

Caucasoide

Negroide

Las viviendas

Los primeros hombres no tuvieron viviendas propias. Se ocultaban en árboles o se refugiaban en cuevas. Pero el hombre tenía que protegerse contra los animales salvajes y contra sus enemigos. También necesitaba un refugio que le resguardase del frío y de la lluvia. Cuando el hombre aprendió a utilizar herramientas, pudo construir viviendas de muy diferentes tipos. Construyó chozas con ramas de árbol y levantó tiendas con pieles de animales. Los antiguos britanos vivían en chozas de cañas y juncos entretejidos y recubiertos con arcilla. Los egipcios y los babilonios hacían sus casas con piedra y con ladrillos cocidos al sol. Los griegos cubrían sus paredes con un enyesado llamado estuco. Los romanos construyeron grandes mansiones con paredes de ladrillo, techados de tejas y suelos de mosaico. Las habitaciones daban a un patio central, a menudo adornado con una fuente de mármol en el centro. Las casas romanas tenían calefacción central subterránea, cocinas y cuartos de baño. En los países muy cálidos, el hombre necesita protegerse del sol. En los países fríos, necesita lugares donde pueda mantener el calor. Los esquimales emplearon los materiales disponibles y construyeron sus casas con bloques de hielo. Los árabes tejen tiendas en las que se guarecen del sol y la arena del desierto. Los indios pieles rojas vivían en chozas llamadas "wigwams". Hay pueblos que construyen sus casas

(sigue en la página 12)

Hay gitanos que todavía viven en carromatos, como hacían sus antepasados. Estos vehículos están adornados con toda clase de tallas y pintados con alegres colores: rojo, azul, amarillo y verde. Antiguamente tiraban de ellos varios caballos, pero hoy se han motorizado.

En invierno, los esquimales cortan bloques de hielo y con ellos construyen sus "igloos" en forma de cúpulas. Su única entrada es una especie de túnel, y un trozo de hielo delgado hace las veces de claraboya.

El Palacio del Emperador, en Pekín. Obsérvese la forma del tejado que protege el palacio de los rayos del sol y de las lluvias de los monzones.

Moderna casa noruega construida con troncos. La madera ha sido siempre uno de los materiales de construcción más importantes que ha empleado el hombre, por la facilidad de su manipulación.

Los pobladores de Dahomey, en el África Occidental francesa, construyen sus viviendas sobre pilotes clavados en el fondo de los lagos para protegerse de los ataques de sus enemigos.

11

(viene de la página 10)

sobre los lagos, por medio de hileras de pilotes. En Turquía hay cabañas de piedra, en Túnez hay casas de adobe con techado de paja, en Vietnam hay chozas de bambú, y en Sudáfrica hay barracas con paredes de barro, En Japón abundan las casas de madera, y en Noruega las construidas con recios troncos. En España se utiliza principalmente la piedra y los ladrillos. Hay casas en Italia construidas con mármol. Las viviendas redondas de los mongoles son de pieles forradas con fieltro, buena protección contra los vientos fríos. Las casas modernas son de materiales de muy diversas clases. Hay casas de ladrillo, de piedra, de madera, de bloques de hormigón, de acero e incluso de vidrio especial. Hay gente que carece de vivienda fija. Los gitanos viven en carros. Los beduinos viven en tiendas. Los que trabajan en los canales viven en barcazas.

Los nómadas se trasladan de un lugar a otro. Viven en los desiertos del Asia Central, en Arabia y en Mongolia. Los mongoles de Extremo Oriente viven en tiendas de fieltros llamadas "yurts".

La casa tradicional japonesa es de madera.

Los chalets de montaña suizos tienen tejados más bien planos para que la nieve se acumule en ellos. Con esto se consigue mantener caliente el interior de la casa.

Casa rural inglesa construida con piedra procedente de unas canteras cercanas. Las viviendas edificadas con materiales locales encajan perfectamente en el paisaje.

Las altas torres cilíndricas de Marina City en Chicago, EE. UU. Los materiales nuevos y los modernos métodos de construcción han permitido edificar grandes bloques de apartamentos.

13

El mundo del trabajo

Son gran mayoría las personas que dedican gran parte de su tiempo al trabajo. El trabajo abarca gran número de profesiones y oficios. Hay ocupaciones para todas las letras del alfabeto, desde la A hasta la Z, desde abogado o albañil hasta zapatero o zoólogo. Casi todas ellas implican trabajar junto con otras personas. Trabajamos para ganar el dinero que pagará la comida, la vivienda y los vestidos para nuestras familias. Muchas mujeres son amas de casa. Llevan la casa y crían a sus hijos. Hay profesiones en las que se prestan diversos servicios a los demás, como por ejemplo cartero, recadero, sastre o peluquero. Hay trabajos de oficina en los que se manejan principalmente libros, papeles, cifras y máquinas de calcular. Existen numerosos oficios para las personas dotadas de habilidad manual, como el de relojero, el de mecánico de motores, el de albañil, el de lampista y el de electricista. Hay trabajos de tipo práctico o técnico, como los de reparación. Algunas personas siguen carreras, como es el caso de los médicos, los dentistas, los clérigos, los abogados y los maestros.

(sigue en la página 16)

Cuando un niño se encuentra mal, su madre lo hace visitar por el médico. El médico lo ausculta con su estetoscopio. Una enfermera ayuda al médico y prodiga sus cuidados a los enfermos.

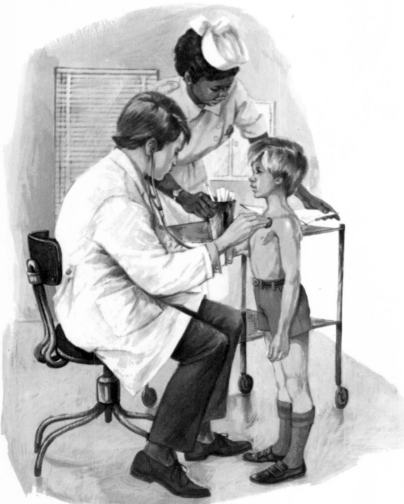

Es mucho lo que hay por aprender en todo el mundo, acerca de todas las cosas. La mayoría de los niños van a la escuela, donde los maestros y maestras les ayudan a aprender. La escuela enseña a los niños a utilizar sus facultades. También los chicos y chicas mayores van a la escuela, pues ni siquiera los adultos saben todo lo que hay por aprender.

Un agricultor arando sus campos. Con esta labor disgrega la tierra antes de proceder a la siembra. Conduce un tractor, pero en ciertos países se emplean bueyes para tirar del arado.

Abajo: Este albañil está construyendo una casa. Observad que la pared consta, en realidad, de dos paredes. Esto sirve de aislamiento y mantiene la casa fresca en verano y caliente en invierno.

Arriba: Un mecánico reparando un coche. Conoce las diferentes piezas del mismo y sabe donde están y cómo funcionan.

El minero perfora la dura y negra roca en las profundidades de la mina de carbón. Lleva un casco y una lámpara. Unos puntales sostienen el techo después de extraído el carbón.

(viene de la página 14)

Hoy en día, casi todo el mundo trabaja. A veces es difícil decidir qué clase de trabajo nos agradaría hacer. Las diversas ocupaciones requieren diversas clases de personas, pues cada una tiene diferentes habilidades y distintos intereses. El trabajo ideal es aquel en el que a uno le pagan por hacer algo que le gusta y que haría incluso de balde. Se necesita un adiestramiento especial para cumplir con la tarea que hemos elegido. Si te gusta hablar con la gente y eres diligente y ordenado, tal vez te convenga trabajar en una tienda. El policía tiene una función muy importante. Hay personas que trabajan dentro de edificios y otras que, como el granjero, suelen trabajar al aire libre. Para tratar con toda clase de personas, es esencial tener paciencia y un cierto sentido del humor.

Es muy interesante el trabajo en colaboración con animales. La policía utiliza perros especialmente adiestrados para seguir pistas. Los perros pastores de Alsacia, los sabuesos de Labrador y los Dobermann son excelentes para este menester.

Los peluqueros, antes llamados barberos, cortan el cabello y arreglan barbas y bigotes. Las peluquerías modernas son muy diferentes de las antiguas. Hubo una época en la que los barberos eran también cirujanos. Hacían curas y sangrías, y también ejercían como dentistas. El signo distintivo de la peluquería es, desde hace mucho tiempo, unas franjas espirales rojas y blancas junto a la entrada.

La dependiente de una tienda pesando la compra de unos clientes. Las tiendas solían especializarse antes en una gama determinada de artículos. La tienda de ultramarinos vendía comestibles, el pan era adquirido en las panaderías y las mercerías vendían artículos para la costura. Actualmente, hay grandes supermercados y establecimientos de autoservicio que venden gran variedad de artículos.

Una secretaria trabajando en una oficina. Está al servicio de una persona o de una empresa para atender a la correspondencia, reunir información y preparar documentos comerciales. Una secretaria debe saber mecanografía y taquigrafía. También tienen importancia sus modales al atender al teléfono y a las visitas, así como la pulcritud de su aspecto.

Un bombero desenrolla la manguera del coche-bomba. El agua que lanzará esta manguera apagará el fuego.

El panadero elabora el pan y también pastas de repostería. El pan es cocido en un horno especial.

Los carteros reparten el correo. Descargan los paquetes postales enviados por avión.

Los que hicieron la Historia

Desde tiempos remotos, el hombre ha querido investigar el mundo que lo rodea. Los primeros exploradores cruzaron los mares y descubrieron nuevas tierras. El hombre ha atravesado las heladas extensiones árticas, ha escalado montañas y ha aprendido a volar. Ha surcado el espacio y ha puesto el pie en la Luna. Actualmente, está explorando el fondo de los mares. Los exploradores de la Antigüedad visitaron lugares nuevos y aprendieron muchas cosas. Marco Polo viajó, por tierra y mar, desde Italia hasta China. Vasco da Gama fue el primero que llegó a la India, por mar, desde Europa. Cristóbal Colón atravesó el Atlántico y descubrió el Nuevo Mundo. Magallanes navegó por un gran océano al que dio el nombre de Pacífico. Núñez de Balboa pasó del océano Atlántico al Pacífico después de cruzar el istmo de Panamá. El capitán Cook exploró las costas de Nueva Zelanda y de Australia. Speke descubrió las fuentes del Nilo y Stanley exploró el Congo. Peary fue el primer hombre que llegó al Polo Norte y Amundsen pisó el Polo Sur, seguido de cerca por Scott. Además de explorar, el hombre ha inventado también muchas cosas que nos ayudan en nuestra vida cotidiana. Faraday descubrió cómo producir electricidad. Sin electricidad, hoy no tendríamos luz en nuestras casas, ni teléfono, radio o televisión. Bell inventó el teléfono. Marconi transmitió las primeras señales telegráficas sin hilos. Baird fue el primero en enviar imágenes a través de la radio, y éste fue el origen de la televisión. Otros inventores han conseguido la imagen en color.

Abajo: el doctor Alfred Nobel, químico sueco e inventor de la dinamita. Fue él quien instituyó el premio Nobel.

Arriba: Louis Pasteur, el gran químico francés. Descubrió que las enfermedades infecciosas son causadas por gérmenes.

Izquierda: Alexander Fleming, bacteriólogo escocés. Descubrió la penicilina, el antibiótico que elimina tantas bacterias perjudiciales para el hombre.

Robert E. Peary, almirante estadounidense que exploró el Ártico. Llegó al Polo Norte el 6 de abril de 1909.

Abajo: Hans Gutenberg, inventor de la imprenta de tipos movibles.

Albert Einstein, físico y matemático nacido en Alemania. Este gran científico se hizo famoso por sus teorías sobre la relatividad.

Derecha: El escocés Alexander Graham Bell inventó el teléfono en 1876, al hablar con su ayudante desde otra habitación y hacer que una corriente eléctrica transmitiese sus palabras: "Señor Watson, venga; le necesito".

Leonardo da Vinci, célebre artista italiano nacido cerca de Florencia. Pintó la "Mona Lisa" y "La última cena".

Abajo: El capitán James Cook, famoso explorador y navegante inglés. Fue muerto en la playa de Kealakekua Bay, islas Hawai, en 1779.

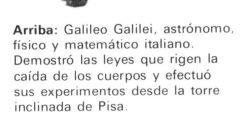

Arriba: Galileo Galilei, astrónomo, físico y matemático italiano. Demostró las leyes que rigen la caída de los cuerpos y efectuó sus experimentos desde la torre inclinada de Pisa.

Arriba: Sir Isaac Newton, uno de los científicos más geniales de todos los tiempos, utilizó un prisma para analizar la luz blanca, inventó el telescopio reflector y desarrolló la teoría de la gravedad

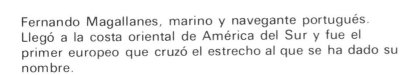

Fernando Magallanes, marino y navegante portugués. Llegó a la costa oriental de América del Sur y fue el primer europeo que cruzó el estrecho al que se ha dado su nombre.

Los árboles

Los árboles son plantas. Tienen troncos gruesos y leñosos, de los que brotan ramas. De éstas surgen ramas más pequeñas y brotes. El tronco y las ramas están recubiertos por la corteza. Hay dos tipos principales de árbol. Unos pierden casi todas sus hojas en otoño y son llamados árboles de hoja caduca. Los del otro grupo, coníferas o de hoja perenne, tienen hojas estrechas y largas que reciben el nombre de "agujas". Al caer unas hojas dan paso a otras nuevas. Las pinos son coníferas, al igual que los cedros, los cipreses, los alerces y los abetos. Un ejemplo de árbol de hoja caduca es el roble. Antiguamente, los barcos eran construidos con su dura y resistente madera. El fruto del roble es la bellota. Otros árboles de hojas anchas como las del roble son el fresno, el haya, el abedul, el avellano y el castaño de Indias. Los árboles obtienen su alimento del aire y del suelo. Las raíces, profundamente hundidas en éste, absorben agua y sales minerales. Los árboles pueden vivir muchos años. Si observamos el tronco de un árbol cortado, veremos que se marcan en él varios anillos. Cada anillo representa un año de edad del árbol. Los árboles nos proporcionan la madera, y ésta nos permite fabricar papel, muebles y utensilios, aparte de ser utilizada para la construcción. Del fruto del olivo y del cocotero se extraen aceites alimenticios. El caucho procede de la savia de un árbol que crece en las Indias Orientales. Los frutos de muchos árboles son comestibles apreciados y saludables. Los árboles siempre han sido plantas muy útiles.

Los mangles son árboles que crecen en las marismas tropicales.

El pino de Chile, oriundo del sur de este país.

Derecha: El árbol del viajero que crece en Madagascar, calma la sed de los viajeros. Los pedúnculos de las hojas contienen un líquido acuoso y refrescante que mana al cortarlos.

El cedro del Líbano, mencionado a menudo en la Biblia.

El fresno, un árbol airoso y grácil.

La secoya.

El roble, uno de los árboles más
majestuosos de Europa. Los robles
que son abatidos no cuentan
menos de 200 años.

Arriba: El álamo, árbol
oriundo de Lombardía,
en Italia.

El resistente sicomoro.

Las flores, rosadas o
blancas, del castaño de
Indias tienen la forma de
grandes ramilletes.

El acebo. Las hojas son
pegajosas y las bayas son
de color escarlata brillante.

21

Las flores

Las flores son hojas que se han modificado para cumplir una función reproductora. Cada flor tiene su forma y su color propio. La amapola y el tulipán son flores grandes, con pétalos de vistosos colores. La margarita y el diente de león son, en realidad, grupos de diminutas flores apiñadas entre sí. Los pétalos de la campánula se juntan y la flor tiene forma de campanilla. Las flores producen los frutos y las semillas de las que brotarán nuevas plantas, y constan de varias partes. Cada una de estas partes cumple una misión diferente. Los pétalos atraen a los insectos con sus hermosos colores y con su aroma. En los sépalos, en la base de los pétalos, hay el néctar. Las abejas visitan las flores para apropiarse del néctar con el que elaboran la miel. Los estambres tienen unos extremos gruesos llamados anteras, que contienen un polvo muy fino que es el polen. Este polen se adhiere a los cuerpos y patas de los insectos y éstos lo llevan de una flor a otra. Otras veces es diseminado por el viento. El polen se deposita en el estigma de la flor y desciende por el largo y delgado estilo hasta llegar al ovario. Las semillas inician su desarrollo en el ovario. El carpelo cubre las semillas y las protege. Estas semillas pueden crecer hasta convertirse en nuevas plantas. En la planta brotan nuevas hojas al llegar la primavera, y sus flores, provistas de un largo tallo, emergen sobre el agua. Hay flores que crecen en el desierto y en la jungla. Algunas plantas comen insectos. En su mayoría, los árboles tienen flores, como por ejemplo el manzano y el almendro. La margarita pertenece a una de las familias de plantas más numerosas.

1 Orquídea
2 Acebo
3 Yuca
4 Nenúfar
5 Camelia
6 Magnolia
7 Amapola
8 Madreselva
9 Dicentra
10 Aro
11 Azafrán
12 Dionea atrapamoscas
13 Dedalera
14 Cacto
15 Rosa

Los frutos y las hortalizas

La fruta fresca contiene vitaminas, necesarias en cantidad abundante para preservar la salud. Cada planta tiene su propia clase de fruto. Algunos de ellos, como las manzanas, los melones, las peras, los pomelos, las naranjas, los higos y las granadas, contienen numerosas semillas. Pero a veces el fruto tiene una sola semilla, que es el hueso de la ciruela, de la cereza, del melocotón, del albaricoque o del aguacate. Albaricoques, ciruelas y melocotones pertenecen a la misma familia. Crecen en climas cálidos y soleados. Los plátanos crecen en clima tropical, en plantas altas y con grandes hojas. Forman grandes manojos que son divididos en otros más pequeños llamados "manos", antes de ser puestos a la venta. Las "manos" tienen de diez a quince "dedos". Los higos, y sobre todo los dátiles, son frutos propios de climas desérticos. Los agrios —naranjas, pomelos, limones y limas— crecen en climas cálidos, especialmente en España, África del Sur, Israel y California. Las pepitas de las naranjas son las semillas de las que brotarán los nuevos naranjos. Las papayas y los mangos son también frutas tropicales. Las uvas pueden ser comidas como fruta o convertidas en vino. Ciertas clases de uvas son secadas al sol y vendidas con el nombre de uvas pasas. El tomate tiene extensas aplicaciones en cocina y su zumo es apetitoso y alimenticio. Sus semillas vienen mezcladas con la jugosa pulpa encerrada en la piel. Los melones y las sandías son frutos voluminosos y carnosos. Las semillas de los guisantes y las habas están encerradas en vainas. Comemos el bulbo de los ajos y las cebollas y la flor de la coliflor, así como las hojas de las espinacas, la lechuga, la col y las coles de Bruselas. También nos sirven de alimento las raíces de ciertas hortalizas, como las zanahorias, los rábanos, los nabos y las remolachas. El apio, el puerro y el ruibarbo son tallos de plantas.

Manzana · Plátanos · Naranja · Cerezas · Fresas · Aguacate · Pomelo · Piña · Uvas · Coco · Limón · Pera · Mango

Patatas

Coliflor

Nabo

Guisantes

Abajo: Arrozal

Alcachofa

Brécol

Col

Chirivía

Ñame

Coles de Bruselas

Cebolla

Zanahoria

25

Los mamíferos

Los mamíferos son animales de sangre caliente. Respiran mediante pulmones. El hombre es un mamífero, y también lo son perros y gatos, asnos y caballos, vacas y cerdos, conejos y monos. Todos los mamíferos tienen columna vertebral y casi todos tienen pelo en sus cuerpos. Se crían con leche. Algunos mamíferos ponen huevos de cáscara blanda, como el ornitorrinco y el equidna de Australia. Los animales provistos de una bolsa para las crías, como el canguro, el opossum, el wombat y el koala, son marsupiales. Todos los miembros de la familia de los felinos son carnívoros. Son felinos los leones, así como también los guepardos, los jaguares, los leopardos, los tigres y nuestros gatos domésticos. El coyote de Norteamérica, el dingo de Australia, la hiena de África y Asia, los lobos y los chacales pertenecen, en cambio, a la misma familia del perro. Todos ellos son cazadores y carnívoros. Los osos polares viven en el Ártico.

Cazan focas y peces. Los osos blancos hibernan, es decir, acumulan alimentos en sus cuerpos durante el verano y duermen durante el invierno. También hibernan los erizos, los lirones y los murciélagos. Los rinocerontes, los alces, los antílopes, los búfalos, los ciervos y los hipopótamos son animales ungulados. Tienen pezuñas que recubren los extremos de sus patas. Los castores, las ratas, los ratones, las ardillas y los hamsters son roedores. Los roedores son herbívoros. Los castores roen árboles con sus afilados dientes, hasta abatirlos. La ballena azul es el mamífero de mayor tamaño en todo el mundo. El mayor mamífero terrestre es el elefante africano. La familia de los monos es la que más se asemeja a la familia del hombre.

Reno

Camello

Canguro

Panda

Oso

Rinoceronte

Elefante

Jirafa

León

Chimpancé

Leopardo

Cebra

Tigre

Guepardo

Las aves

Todas las aves tienen plumas y nacen a partir de huevos. El ave de mayor tamaño es el avestruz. Los avestruces no pueden volar, pero tienen unas patas muy robustas y corren velozmente. Los pingüinos tampoco pueden volar, pero son excelentes nadadores. Los pingüinos Emperador viven entre los hielos del Antártico. Los patos, los gansos y los cisnes tienen patas provistas de membranas. Son excelentes nadadores, pero también pueden volar. Los pájaros que frecuentan los jardines tienen patas que se agarran perfectamente a las ramas de los árboles. Las aves que comen insectos tienen picos muy puntiagudos. Las que se alimentan con semillas tienen los picos cortos y anchos. Las lechuzas son aves de presa. Tienen fuertes garras y el pico curvado. Casi todas las lechuzas cazan por la noche. Las águilas, los halcones, los gavilanes y los milanos son también aves de presa, pero buscan su alimento en pleno día. Comen ratones y serpientes. Las aves son animales de sangre caliente. La temperatura de su cuerpo es más elevada que la del hombre. Cuando hace frío, esponjan sus plumas para conservar el aire caliente que hay debajo de éstas. Cantan para atraer a otras aves y para guardar su territorio. Algunas aves, como el loro y el periquito, pueden aprender a pronunciar palabras. No todas las aves construyen nidos. Algunas depositan sus huevos entre las piedras de una playa, o sobre la arena. Las aves más diminutas del mundo son los colibríes, algunos de los cuales no son mayores que un abejorro. Vuelan con gran rapidez y se sostienen en el aire moviendo las alas con tanta rapidez que apenas es posible verlas. Sus picos delgados y curvos les permiten chupar el néctar de las flores. Muchas aves emigran. Vuelan en busca de climas más cálidos, cuando llega el otoño, y recorren grandes distancias sobre tierra y sobre el mar. Al comenzar la primavera regresan, y muy a menudo vuelven a sus antiguos nidos.

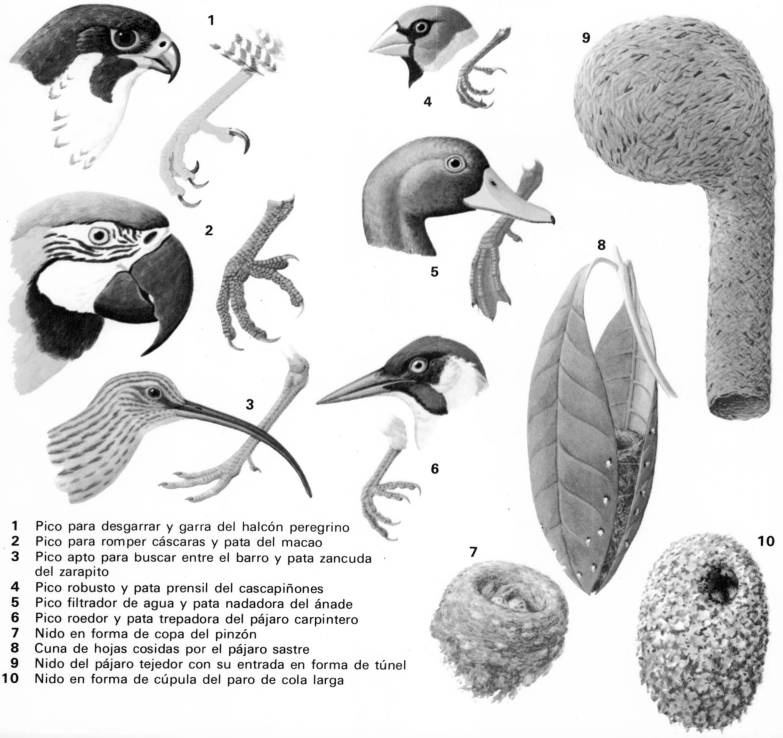

1 Pico para desgarrar y garra del halcón peregrino
2 Pico para romper cáscaras y pata del macao
3 Pico apto para buscar entre el barro y pata zancuda del zarapito
4 Pico robusto y pata prensil del cascapiñones
5 Pico filtrador de agua y pata nadadora del ánade
6 Pico roedor y pata trepadora del pájaro carpintero
7 Nido en forma de copa del pinzón
8 Cuna de hojas cosidas por el pájaro sastre
9 Nido del pájaro tejedor con su entrada en forma de túnel
10 Nido en forma de cúpula del paro de cola larga

1 Golondrina de mar
2 Ave del paraíso de plumas azules
3 Cuclillo
4 Rabihorcado
5 Petirrojo
6 Colibrí cola de cometa
7 Colibrí abeja
8 Colibrí Safo
9 Ave del paraíso de plumas rojas
10 Águila dorada
11 Pavo real
12 Cárabo
13 Avestruz
14 Ave lira

Los peces y otros animales marinos

Los peces son animales de sangre fría. Respiran a través de branquias que absorben el aire del agua. A pesar de carecer de oídos externos y tímpanos, los peces pueden oír. Tienen escamas y unas aletas con las que se equilibran y cambian de dirección. Algunos peces tienen dientes y devoran otros animales. Otros peces se alimentan con plantas y pequeños insectos. Entre los peces de agua dulce se cuentan las carpas, las percas, las tencas, los foxinos, los gobios y los cachos. Los salmones y las truchas viven en agua dulce y agua salada. Nacen en la primavera y nadan hasta llegar al mar, en busca de alimento. Las anguilas nacen en el mar, pero sus crías, las angulas, vuelven a los ríos. En su mayoría, los peces ponen huevos, pero algunos nacen ya vivos y coleando. El pez gato macho lleva los huevos en la boca y, cuando salen los pececillos, éstos la utilizan como nido. Los peces voladores no baten sus aletas como las aves, sino que planean. Los caballitos de mar nadan en posición erguida y pueden agarrarse a un objeto con la cola. El lenguado y el rodaballo son peces de forma plana. El pez marino de mayor tamaño es el tiburón ballena, que vive en aguas tropicales. Es inofensivo y se alimenta con plantas y animales diminutos —el plancton— que flotan en la superficie de los mares. El buque de guerra portugués es una medusa. Las medusas tienen cuerpos huecos y tentáculos muy largos, cuyo contacto es doloroso. Anémonas de mar y corales, estrellas y erizos de mar, buccinos y pulpos, son algunos de los muchos animales que podemos encontrar en los charcos que se forman con la marea baja.

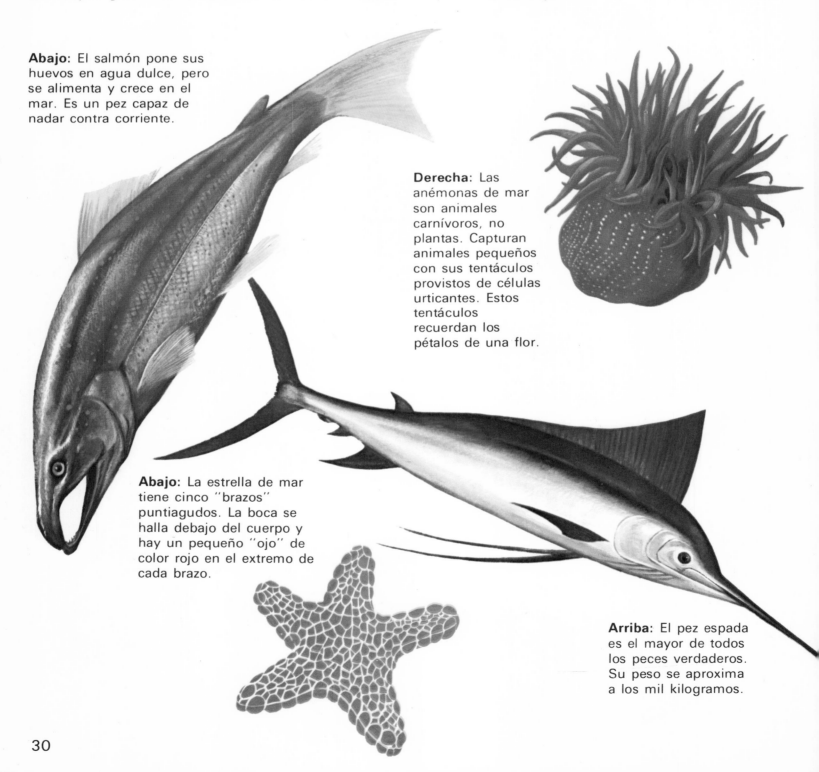

Abajo: El salmón pone sus huevos en agua dulce, pero se alimenta y crece en el mar. Es un pez capaz de nadar contra corriente.

Derecha: Las anémonas de mar son animales carnívoros, no plantas. Capturan animales pequeños con sus tentáculos provistos de células urticantes. Estos tentáculos recuerdan los pétalos de una flor.

Abajo: La estrella de mar tiene cinco "brazos" puntiagudos. La boca se halla debajo del cuerpo y hay un pequeño "ojo" de color rojo en el extremo de cada brazo.

Arriba: El pez espada es el mayor de todos los peces verdaderos. Su peso se aproxima a los mil kilogramos.

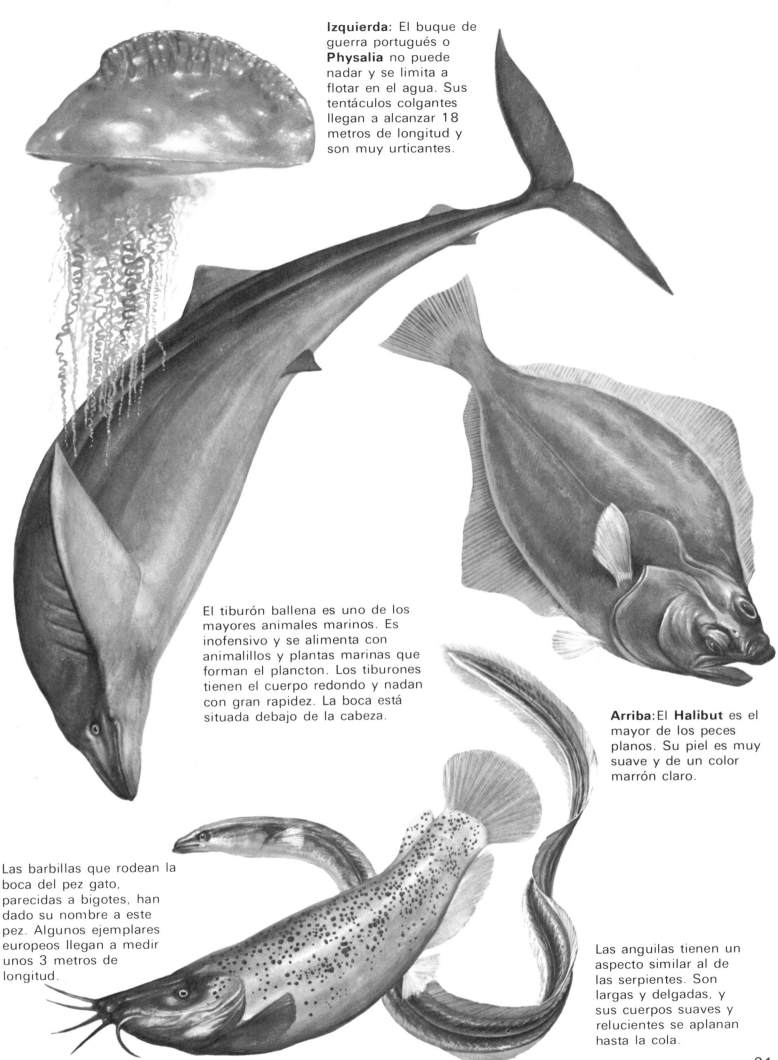

Izquierda: El buque de guerra portugués o **Physalia** no puede nadar y se limita a flotar en el agua. Sus tentáculos colgantes llegan a alcanzar 18 metros de longitud y son muy urticantes.

El tiburón ballena es uno de los mayores animales marinos. Es inofensivo y se alimenta con animalillos y plantas marinas que forman el plancton. Los tiburones tienen el cuerpo redondo y nadan con gran rapidez. La boca está situada debajo de la cabeza.

Arriba: El **Halibut** es el mayor de los peces planos. Su piel es muy suave y de un color marrón claro.

Las barbillas que rodean la boca del pez gato, parecidas a bigotes, han dado su nombre a este pez. Algunos ejemplares europeos llegan a medir unos 3 metros de longitud.

Las anguilas tienen un aspecto similar al de las serpientes. Son largas y delgadas, y sus cuerpos suaves y relucientes se aplanan hasta la cola.

Los reptiles y los anfibios

Hace muchísimo tiempo, antes de que existiesen las aves y los mamíferos, vivían en la Tierra grandes reptiles. Los reptiles actuales son descendientes de aquellos monstruos prehistóricos. En su mayoría, los reptiles viven en la tierra. Son animales de sangre fría, lo que significa que su sangre adquiere la temperatura del aire que los rodea. Tienen la piel seca y cubierta de escamas. Los cocodrilos son los miembros de mayor tamaño de la familia de los reptiles. Los caimanes son más pequeños que los cocodrilos. En su mayoría, los reptiles se alimentan a base de otros animales. Las tortugas tienen una concha sobre su espalda y una placa protectora debajo del cuerpo. Pueden ocultar la cabeza y las patas dentro de este caparazón. Hay tortugas que viven en agua dulce y otras que viven en el mar. El mayor lagarto es el dragón de Komodo. Está recubierto de escamas negras y relucientes, y su piel cuelga formando pliegues. El tuatara, un reptil parecido al lagarto, existe únicamente en Nueva Zelanda. La piel de las serpientes está formada por escamas secas. Se mueven oprimiendo estas escamas contra el suelo y deslizándose entonces de forma sinuosa, mediante movimientos de las costillas. Las serpientes voladoras de la India viven en los árboles. Pueden contraer sus cuerpos y planear de un árbol a otro. Algunas serpientes son venenosas. La cobra, la mamba, la víbora y la serpiente de cascabel tienen colmillos que inyectan veneno. Los anfibios viven en tierra o en el agua. Sus pieles son blandas y húmedas. Sus crías reciben el nombre de renacuajos. Las ranas y los sapos carecen de cola. En cambio, las salamandras y los tritones tienen cola.

Caimán

Rana

Víbora de la India

Tortuga de tierra

Salamandra

Dragón de Komodo

Sapo

Tritón

Camaleón

Serpiente de cascabel

Cocodrilo

Pitón

Boa

Tortuga de mar

Anaconda

Los insectos

Los insectos son animales pequeños. Los saltamontes, las libélulas, las polillas, las mariposas, las avispas, las abejas, los escarabajos, las moscas y las hormigas son insectos. Los insectos tienen seis patas, un par de antenas y, generalmente, uno o dos pares de alas. El cuerpo está dividido en tres partes: cabeza, tórax y abdomen. Los insectos respiran a través de unos agujeros en su piel que comunican con tubos para el aire. Las hormigas, las abejas y las avispas viven formando comunidades. Son los llamados insectos "sociales". Ciertos insectos son nocivos para el hombre, pero otros son auxiliares suyos. Los insectos llevan el polen de una flor a otra. La mantis religiosa y la mariquita devoran otros insectos. Las moscas domésticas difunden los gérmenes, y los mosquitos son portadores de enfermedades. Los mosquitos hembra chupan la sangre. Los tábanos muerden. Las avispas pican. Las pulgas y los piojos viven sobre el hombre y otros animales. Unos insectos pequeños y blancos, llamados termes o termitas, devoran la madera. Las libélulas, los fríganos y las moscas de mayo se aparean en pleno vuelo. Las crías de los insectos se llaman ninfas. La mariposa tiene ojos compuestos; cada uno de sus dos grandes ojos está formado por millares de ojos muy pequeños. Las mariposas depositan sus huevos en las plantas. Al crecer, las orugas cambian varias veces la piel hasta que se convierten en crisálidas. Cuando se raja la piel de la crisálida, sale una nueva mariposa. Los grillos machos "cantan" al frotar sus alas delanteras entre sí, o al frotar sus alas delanteras contra sus patas posteriores. Las chinches de agua y las larvas de las libélulas viven en el agua. Muchos insectos, tales como los escarabajos y las cucarachas, tienen un par de alas muy gruesas y duras que recubren un segundo par de alas dobladas y flexibles que les sirven para volar. Las luciérnagas son escarabajos de cuerpo blando.

1 Mariposa **Papilio machaon**
2 **Meleageria daphnis**
3 **Papilio telegonus**
4 Polilla halcón
5 Mariposa de seis puntos
6 Mariposa hoja de la India
7 Ala de ave de Borneo
8 Polilla lunar
9 Mantis religiosa
10 Abejorro de cola blanca

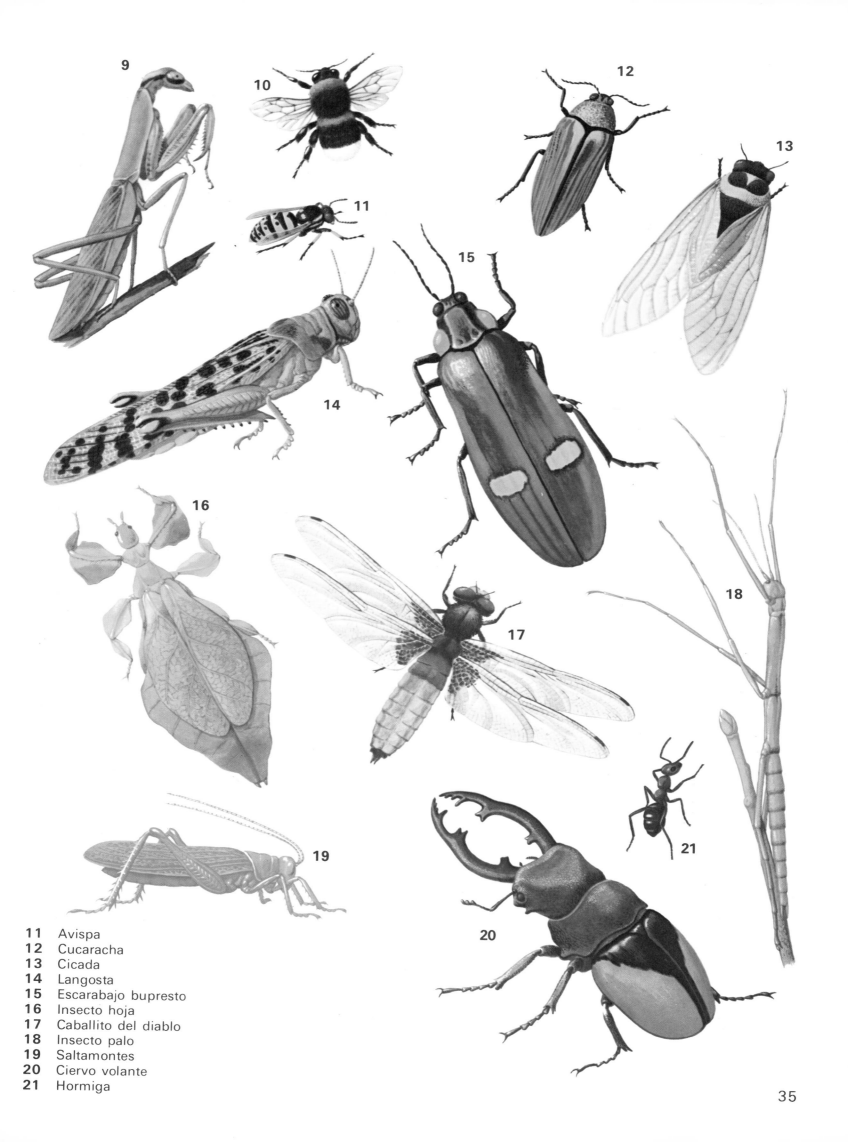

11 Avispa
12 Cucaracha
13 Cicada
14 Langosta
15 Escarabajo bupresto
16 Insecto hoja
17 Caballito del diablo
18 Insecto palo
19 Saltamontes
20 Ciervo volante
21 Hormiga

Los animales caseros

Es probable que los halcones fuesen los primeros animales que el hombre mantuvo a su lado. Los halcones son aves cazadoras y el hombre los adiestró para la captura de aves silvestres y otros animales. Desde tiempos muy remotos, el perro ha ayudado al hombre a cazar. Los podencos son perros de caza. El perro es un animal fiel y muy inteligente. Es un buen compañero para el hombre y un elemento valioso en una casa. A los gatos les gusta entrar y salir por su cuenta, pero son también animales afectuosos con el hombre. Los antiguos egipcios los consideraban animales sagrados. Hay dos tipos principales de gato: el de pelo largo y el de pelo corto. El gato persa azul es de pelo largo. Son de pelo corto el siamés, el birmano y el abisinio. Los hamsters son animales domésticos encantadores. Necesitan muy poco espacio y su alimentación es muy barata. Les gusta dormir de día y almacenan la comida en unas bolsas que

tienen en las mejillas. Hay muchas variedades de conejos: el enano de Holanda, el flamenco gigante, el chinchilla, el del Himalaya y el de Angora. Los conejos se dejan domesticar fácilmente, pero nunca se les debe agarrar por las orejas. Los incas del Perú tenían en sus casas conejos de Indias, hace muchos años. Los conejos de Indias son animales pequeños, que no muerden. Los periquitos son oriundos de Australia. Son unas aves muy lindas y les gusta tener en sus jaulas objetos con los que juegan, como por ejemplo espejos, escaleras y cascabeles. Se les puede enseñar a pronunciar palabras. Los canarios machos suelen ser buenos cantores. Los pececillos rojos dan una bonita nota de color en un acuario casero. Estos animalillos domésticos representan una agradable compañía para el hombre. Se les procurará el alojamiento más apropiado y hay que suministrarles con regularidad agua y los alimentos adecuados.

Arriba: Los conejos suelen tomar dos comidas diarias. Comen heno y avena, raíces como los nabos y las zanahorias, y plantas verdes como lechuga, ortigas y dientes de león.

Los pececillos rojos pueden vivir en pequeños acuarios o peceras. Son peces de agua dulce y su tamaño es muy variable.

Los loros son aves oriundas de países cálidos. Su pico es robusto y presentan un vivo colorido. Pueden aprender a pronunciar palabras y son animales aptos para vivir en las casas.

El hamster debe ser levantado poniendo la mano sobre su lomo, para que no pueda morder.

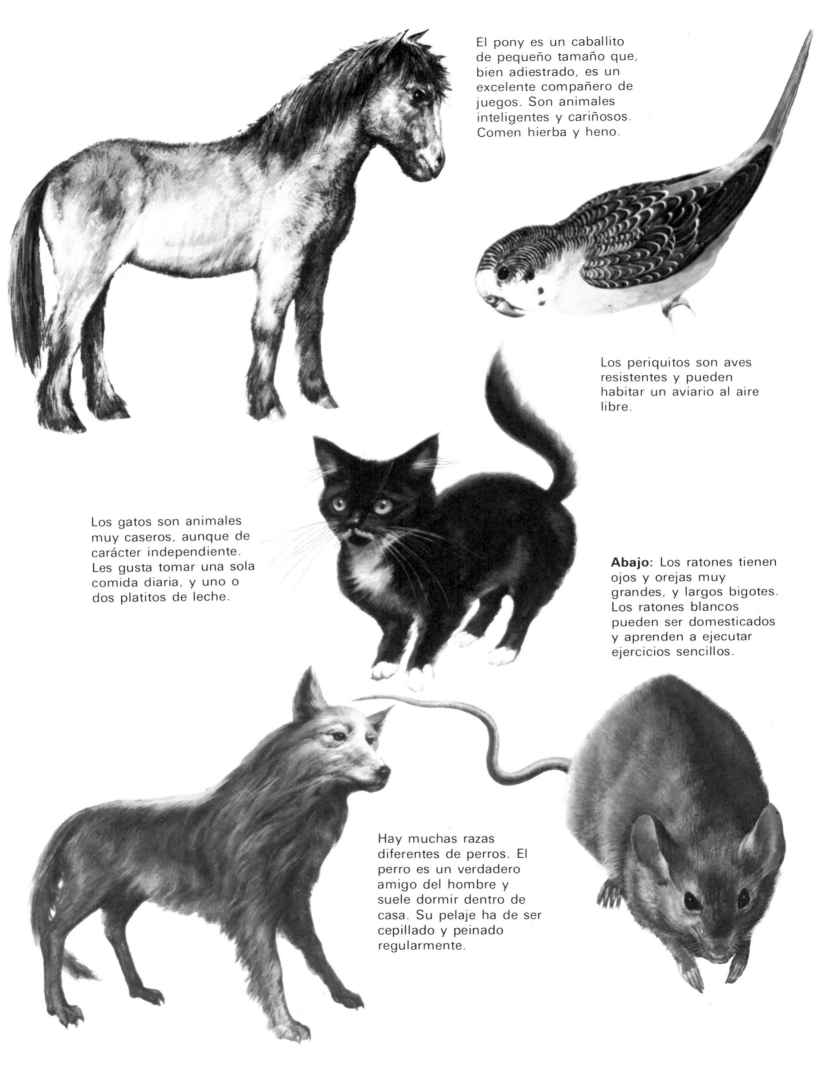

El pony es un caballito de pequeño tamaño que, bien adiestrado, es un excelente compañero de juegos. Son animales inteligentes y cariñosos. Comen hierba y heno.

Los periquitos son aves resistentes y pueden habitar un aviario al aire libre.

Los gatos son animales muy caseros, aunque de carácter independiente. Les gusta tomar una sola comida diaria, y uno o dos platitos de leche.

Abajo: Los ratones tienen ojos y orejas muy grandes, y largos bigotes. Los ratones blancos pueden ser domesticados y aprenden a ejecutar ejercicios sencillos.

Hay muchas razas diferentes de perros. El perro es un verdadero amigo del hombre y suele dormir dentro de casa. Su pelaje ha de ser cepillado y peinado regularmente.

Las maravillas de la naturaleza

El agua ha dado forma a la tierra en que vivimos. El río Colorado de Arizona, en Estados Unidos, ha abierto un profundo y ancho desfiladero a través de las montañas, el llamado Gran Cañón. El caudaloso río desgasta la roca y ha puesto al descubierto diferentes estratos de ésta. Los abruptos flancos del Cañón son como escalones gigantescos tallados en la roca, de color rojo, verde, blanco y pardo. Algunos de los desfiladeros más famosos del mundo son obra de los ríos que han llegado a formar cascadas. Las cataratas del Niágara son las más célebres de todo el mundo. Se dividen en dos grandes saltos de agua: la catarata de la Herradura, en Canadá, y la catarata Americana, que se encuentra en territorio de Estados Unidos. Las forma el río Niágara al salvar un gran desnivel casi vertical. El Vesubio es un volcán que se alza en Italia, cerca de Nápoles. Un volcán suele tener un aspecto parecido al de una montaña, y es un agujero en la superficie terráquea. Hace millones de años, la Tierra tenía una temperatura elevadísima. La superficie se ha enfriado ya, pero todavía hay gran calor dentro de la Tierra. Cuando un volcán entra en erupción, gran cantidad de cenizas y rocas incandescentes son lanzadas al aire. La boca del volcán es llamada cráter. La fuente que proyecta de cuando en cuando agua caliente procedente del interior de la tierra, a gran altura, recibe el nombre de géiser.

(sigue en la página 40)

La tundra siberiana está permanentemente semihelada. En estas llanuras cubiertas por la nieve, crecen plantas achaparradas.

La Gruta Azul, una caverna natural en la costa norte de Capri. Sólo se puede llegar en barca. La entrada mide poco más de 1 m. de altura.

La Roca de la Ola, en Australia. Esta gran estructura rocosa parece una ola petrificada.

El monte Kilimanjaro (6.000 metros) es la mayor altura del continente africano. Su nombre significa "La gran montaña".

Las cataratas del Niágara, una de las grandes maravillas de la naturaleza. Este gran salto de agua produce energía eléctrica.

(viene de la página 38)

El géiser más famoso del mundo es el del Parque Nacional de Yellowstone, en Estados Unidos, que lanza columnas de agua caliente a considerable altura. La roca de Ayers, en Australia, es el mayor bloque de piedra, de una sola pieza, que existe en el mundo. Su colorido oscila entre el malva y el rojo intenso, según la hora. Tiene una forma ovalada y está formado por cantos rodados cementados por arenas muy finas. En los desiertos crecen muy pocas plantas, pero no siempre son extensiones llanas y arenosas. Hay en ellos rocas y montañas, y también oasis. Un oasis es un lugar fértil en pleno desierto. En el oasis hay agua y palmeras con dátiles. Hay desiertos donde reina el calor, como el de Sahara, y otros que son fríos, como la tundra siberiana. La tundra se extiende a lo largo de millares de kilómetros. El Desierto Pintado de Arizona ofrece un bello espectáculo. El sol varía la coloración del desierto, que pasa del azul, el amatista y el amarillo al rojizo, el lila y el rojo. Estas son tan sólo unas pocas de las maravillas de la naturaleza. Hay muchas más.

La Roca de Ayers, el mayor monolito del mundo, se halla en el territorio septentrional de Australia. Mide 3.200 metros de longitud por 1.600 de anchura, y tiene una altura de 335 metros.

El famoso géiser Old Faithful, en Wyoming (Estados Unidos), lanza su surtidor de agua caliente cada hora, formando una columna líquida de 30 metros de altura durante unos cinco minutos.

El Desierto Pintado, con sus valles y promontorios de variados y vistosos colores, cubre una vasta región a lo largo de río Little Colorado, en Arizona.

El Fuji-Yama, la montaña
más alta de Japón (3.700
metros), es considerada
por los japoneses como un
monte sagrado. En
invierno, ostenta una
corona de nieve. La cima
de esta montaña suele
estar oculta por nubes y
hay en ella el cráter de un
volcán extinguido.

Los españoles fueron los
primeros hombres
blancos que descubrieron
el Gran Cañón. Los
bordes del cañón están
cubiertos por bosques.

El tiempo

Todo el mundo suele hablar del tiempo. Las previsiones del tiempo aparecen cada día en los diarios y en las pantallas de televisión. Puede ser claro y soleado, o nublado y lluvioso. Es posible que sople el viento. Si hay una tempestad, se producirán truenos y relámpagos. Es mucho lo que las nubes y el viento nos indican acerca del tiempo. Las nubes están formadas por gotitas de agua o pequeños cristales de hielo. Las gotas de agua caen en forma de lluvia. Cuando hace mucho frío, se forman cristales de hielo en vez de gotitas de agua, y caen en forma de nieve. En el Ártico, hay nieve y hielos durante todo el año. Ciertas regiones del globo reciben lluvias abundantes, y en otras casi no llueve. Los lugares más secos de la Tierra son los centros de los grandes continentes, por ejemplo el Sahara africano y el gran desierto de Gobi en el oriente asiático. Hay muchas formas diferentes de nubes. Las nubes ligeras y esponjosas suelen ser signo de buen tiempo. Las nubes espesas y oscuras acostumbran a anunciar lluvia o viento. El tiempo depende de los cambios que tienen lugar cada día en la atmósfera que nos rodea. El clima es la clase de tiempo que reina año tras año en un país. Hablamos del clima de un país, pero en cambio preguntamos: "¿Qué tiempo hace hoy?". Los hombres que predicen el tiempo son los meteorólogos. Utilizan un termómetro para medir la temperatura, un barómetro para conocer la presión atmosférica, y un anemómetro para calcular la velocidad del viento. Los globos y los satélites meteorológicos elevan a grandes alturas equipos que registran y miden las condiciones del tiempo.

Estratos

Cúmulos

Cumulonimbos

Altoestratos

Altocúmulos

Cirros

Cirroestratos

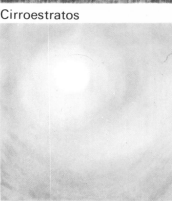

Cirrocúmulos

Arriba: Principales formaciones de nubes.
Derecha: Las descargas eléctricas de los rayos calientan el aire y producen el trueno.
Abajo: Un satélite meteorológico equipado con cámaras de televisión envía fotografías de las formaciones de nubes y otros datos de interés.

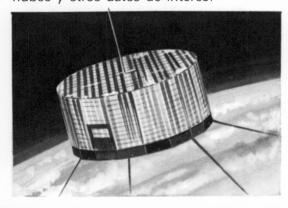

Diagrama de la escala de Beaufort

Abajo: Los buques meteorológicos facilitan datos esenciales a los servicios de meteorología, a los llamados "hombres del tiempo". Hay varios buques meteorológicos en el Atlántico Norte que envían información desde alta mar. Estos datos son utilizados en los pronósticos del tiempo.

Paisaje nevado.

LA ESCALA BEAUFORT

N.°	Efectos en tierra	Velocidad kms/hora
0	Humo vertical	0- 2
1	Humo oblicuo	2- 6
2	Susurro de hojas	7-13
3	La bandera ondea	14-22
4	Movimiento de ramitas	23-33
5	Doblega arbolillos	34-44
6	Movimiento de ramas grandes	45-56
7	Es difícil andar contra el viento	57-69
8	Arranca ramitas	70-80

El arco iris se produce cuando la luz del Sol es reflejada por gotas de lluvia y se descompone en los colores del espectro.

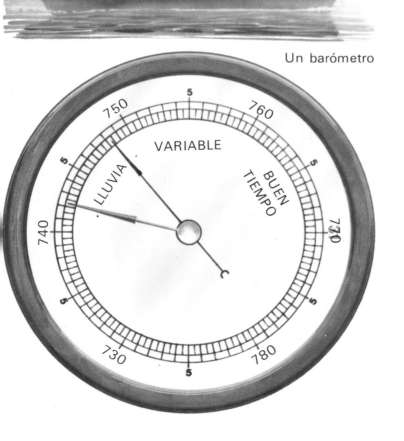

Un barómetro

La exploración submarina

Casi las tres cuartas partes de la superficie de la Tierra están cubiertas por agua. Los mares y los océanos están llenos de vida animal y vegetal. Necesitamos los alimentos y los minerales que hay en los mares para mantener al número cada vez mayor de habitantes que pueblan el globo. El hombre está aprendiendo a cultivar los mares como, hasta hoy, ha hecho con las tierras. En la antigua Grecia, había hombres que se sumergían en el mar y recuperaban los tesoros de los barcos hundidos. Los buzos recogían coral y esponjas en el lecho del Mediterráneo. El hombre no puede contener la respiración durante largo tiempo. Si quiere permanecer un buen rato bajo el agua, debe disponer de una reserva de aire. Los buzos modernos tienen equipos que les permiten quedarse en el fondo del mar durante largo tiempo. Pueden llegar a grandes profundidades. Hay buzos que llevan un traje especial con un tubo que les suministra el aire desde la superficie. Otros llevan su propia reserva de aire en depósitos sujetos a su espalda. Un experto submarinista francés, Jacques Cousteau, inventó el pulmón acuático y también hizo construir un submarino en forma de platillo, especial para la exploración del fondo de los mares. Su provisión de oxígeno permitía que dos hombres pudieran permanecer en ella durante veinticuatro horas. El batiscafo fue inventado por el belga Auguste Piccard. El batiscafo ha permitido al hombre alcanzar profundidades mucho mayores que las obtenidas por el submarino. Todas estas naves submarinas han ayudado al hombre a explorar los mares. Se ha encontrado ya petróleo, gas natural y carbón en el fondo de los océanos. Un día, gran parte de nuestros suministros de agua procederán del mar.

Un submarino es un buque de guerra. Se sumerge rápidamente al llenar sus tanques con agua de mar. Al salir a la superficie, el agua es sustituida por aire.

El profesor Piccard ideó el batiscafo para explorar las profundidades submarinas. Sus tripulantes ocupan una cámara de observación colgada de la nave en forma de depósito.

El "platillo submarino" de Jacques Cousteau, utilizado para la exploración del fondo del mar. Esta nave, lleva montadas en el exterior dos cámaras cinematográficas, así como una garra mecánica que puede asir objetos.

El buceador se mueve libremente bajo el agua con el depósito de aire sujeto a la espalda. Lleva un traje ligero de goma, unas aletas en los pies y una máscara.

Un buzo subiendo a la superficie un objeto valioso hallado en los restos de una embarcación hundida hace miles de años.

Los submarinos modernos de propulsión nuclear pueden permanecer sumergidos durante varias semanas y pasar por debajo del Polo Norte.

Las embarcaciones

Hay muchas clases diferentes de embarcaciones. Hay buques de carga o mercantes, buques petroleros y balleneros, remolcadores, yates, submarinos, destructores, fragatas, minadores, cruceros y portaaviones. Hay barcos meteorológicos, buques faro y barcos salvavidas. Los grandes barcos de pasajeros son grandes hoteles flotantes y confortables. Las primeras embarcaciones fueron construidas con troncos sujetos entre sí. Después, el hombre aprendió a horadar los troncos y a dar a sus extremos un perfil que les permitiese deslizarse fácilmente a través del agua. El hombre prehistórico utilizó ya canoas construidas de esta forma. Los antiguos britanos empleaban barcas redondas, en forma de coraza y cubiertas con pieles de animales. Los esquimales fabricaban kayaks con pieles de foca y madera arrastrada por el mar hasta las playas. Los egipcios fueron los primeros en construir buques de cierta envergadura, propulsados por remeros. Los fenicios, griegos, romanos y vikingos emplearon también galeras con remeros, como los egipcios. Los barcos de los vikingos eran anchos y planos, y los mismos remos servían de timones. Más tarde, aparecieron los timones para mantener la dirección de las embarcaciones. Fueron construidos barcos de mayor tamaño y los países empezaron a comerciar con lugares lejanos. Los primeros buques mercantes llevaban cargamentos de té, azúcar, algodón y artículos manufacturados. Los clippers eran veleros parecidos a enormes yates. Después, la vela fue sustituida por el vapor. Los buques fueron propulsados por grandes ruedas de paletas accionadas por una máquina de vapor. Ésta fue reemplazada a su vez por la turbina de vapor, a la que siguieron los motores diesel. Actualmente, se utiliza ya la energía atómica para la navegación.

Abajo: El Nilo era la principal vía de comunicación del antiguo Egipto. Las primeras embarcaciones egipcias fueron construidas con manojos de papiros atados entre sí.

Abajo: Los primeros comerciantes marítimos fueron los fenicios. Eran unos marinos valientes y aventureros y recorrían largas distancias para comerciar con otros países.

Izquierda: Los vikingos construían embarcaciones excelentes. Prescindieron de los remeros y aprendieron el arte de navegar.

Abajo: Uno de los tipos más antiguos de junco chino: el carguero Pechili. Es de fondo plano y en la cubierta tiene una toldilla para la tripulación.

El **Cutty Sark,** famoso velero del tipo clipper, recorría medio mundo transportando té de China destinado al mercado de Londres.

Arriba: El **Victory,** el buque almirante de Nelson en la batalla de Trafalgar. Tenía tres puentes y llevaba cien cañones. Se conserva todavía en el puerto de Portsmouth, Inglaterra.

Abajo: El acorazado de bolsillo alemán **Almirante Graf Spee.** Fue hundido por su propia tripulación después de la batalla de Río Plata, primer combate naval en la Segunda Guerra Mundial.

El **Queen Elizabeth,** probablemente el último de los grandes transatlánticos de pasajeros. Los aviones de reacción adquieren una preponderancia cada vez mayor en el tráfico de pasajeros a través del Atlántico.

47

Los automóviles

Pocos inventos modernos han tenido tanta influencia en nuestras vidas como el automóvil. El automóvil fue ideado para ocupar el lugar del caballo. Los primeros vehículos fueron accionados por vapor. El motor de gasolina fue inventado por un alemán llamado Carl Benz, y otro alemán, llamado Daimler, proyectó un coche provisto de un motor de combustión interna. Este fue el comienzo del automóvil moderno. Los primeros automóviles tenían el aspecto de los mismos coches que hasta entonces habían sido arrastrados por caballos. Al principio, eran muy pocos los automóviles que se aventuraban por las carreteras. En aquellos tiempos, en Gran Bretaña no se permitía que un automóvil corriese por la carretera si no lo precedía un hombre a pie y agitando una bandera roja. Pero la industria automovilística creció con gran rapidez. En Estados Unidos, Henry Ford construyó un automóvil cuyo bajo precio lo ponía al alcance de casi todo el mundo. Fue el llamado Ford Modelo T. Comenza-

ron las carreras automovilísticas que, además de un deporte, son un buen medio para probar los nuevos modelos. En Gran Bretaña se empezó a construir el Rolls-Royce, un automóvil potente y lujoso cuyo gran rival en categoría fue el Hispano-Suiza. Más tarde, aparecieron cochecillos pequeños de cuatro plazas, como el famoso Austin Seven. Hoy en día, el automóvil forma parte de nuestras vidas. En todos los países se construyen carreteras y autopistas para facilitar el tránsito de automóviles. Los coches modernos tienen calefacción, radio y acondicionamiento de aire. Sus ventanillas permiten una buena visualidad al conductor y a los pasajeros. Llevan también limpiaparabrisas, descongeladores y cinturones de seguridad. Se han inventado automóviles accionados por baterías eléctricas y por turbinas de gas, pero en su gran mayoría todavía utilizan el motor de gasolina o el diesel. Sin embargo, llegará el día en que este sistema quede anticuado, como ocurrió con la máquina de vapor.

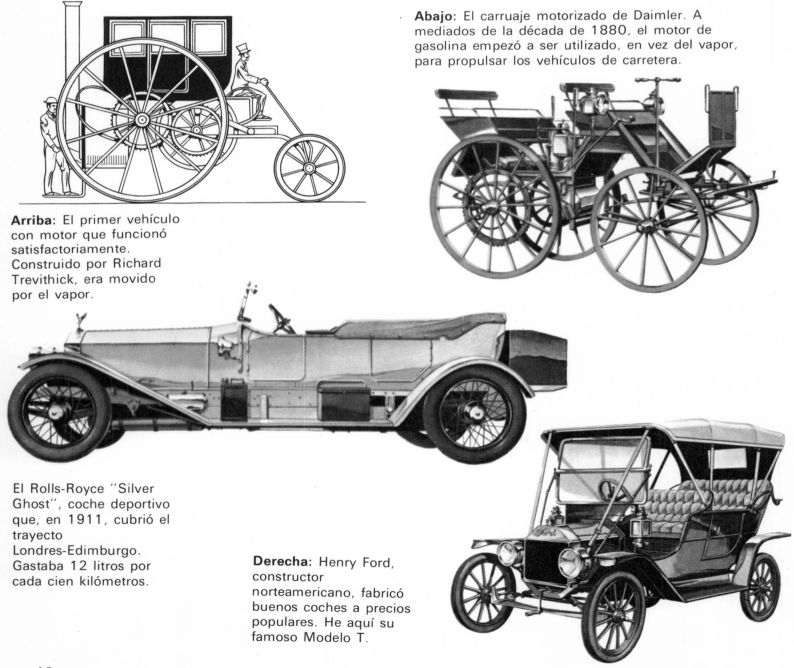

Abajo: El carruaje motorizado de Daimler. A mediados de la década de 1880, el motor de gasolina empezó a ser utilizado, en vez del vapor, para propulsar los vehículos de carretera.

Arriba: El primer vehículo con motor que funcionó satisfactoriamente. Construido por Richard Trevithick, era movido por el vapor.

El Rolls-Royce "Silver Ghost", coche deportivo que, en 1911, cubrió el trayecto Londres-Edimburgo. Gastaba 12 litros por cada cien kilómetros.

Derecha: Henry Ford, constructor norteamericano, fabricó buenos coches a precios populares. He aquí su famoso Modelo T.

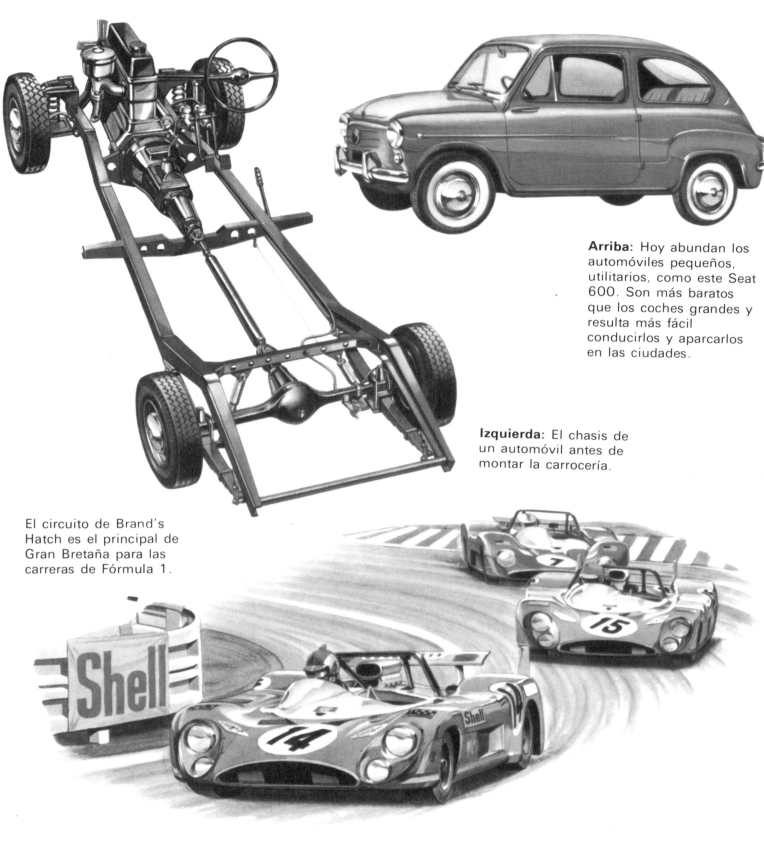

Arriba: Hoy abundan los automóviles pequeños, utilitarios, como este Seat 600. Son más baratos que los coches grandes y resulta más fácil conducirlos y aparcarlos en las ciudades.

Izquierda: El chasis de un automóvil antes de montar la carrocería.

El circuito de Brand's Hatch es el principal de Gran Bretaña para las carreras de Fórmula 1.

Abajo: En 1964, Donald Campbell consiguió la mayor velocidad en vehículo sobre ruedas en Lake Eyre, Australia, con su **Pájaro azul.** Su velocidad fue la de 696,76 Km por hora sobre una distancia de 697 metros.

Los trenes

Los trenes transportan pasajeros y mercancías. Los vagones de ferrocarril son arrastrados por locomotoras. Los primeros ferrocarriles públicos consistían en trenes de vagones arrastrados por caballos. Más tarde, George Stephenson construyó la primera locomotora de vapor. En esta máquina se quemaba carbón para calentar agua y el vapor resultante accionaba las bielas que hacían girar las ruedas. En seguida, este sistema fue adoptado por doquier. En España, la primera línea de ferrocarril fue inaugurada en 1848, entre Barcelona y Mataró. En poco tiempo, los trenes adquirieron mayor velocidad y se multiplicó el transporte de alimentos, paquetería, correo, periódicos y pasajeros. Aparecieron los primeros horarios fijos. En Estados Unidos, se procedió a la construcción de líneas ferroviarias desde la costa este a la costa oeste. Las distancias recorridas eran cada vez mayores y se procedió a la construcción de vagones especiales en los que la gente pudiese comer y dormir durante el viaje. Actualmente, la red ferroviaria de Estados Unidos es la más extensa del mundo. Fueron construidos los primeros trenes subterráneos para el transporte de pasajeros en las grandes ciudades. En Rusia fue inaugurado el ferrocarril Transiberiano. La línea ferroviaria regular más rápida del mundo es hoy la de los expresos japoneses Tokaido. Las locomotoras diesel y eléctricas han ocupado el lugar de las máquinas de vapor. Se efectúan experimentos con locomotoras accionadas por turbinas de gas. Es posible que dentro de poco tiempo los trenes monocarril efectúen el transporte de pasajeros sobre las calles de las ciudades.

La locomotora "Rocket" de George Stephenson, que ganó el primer premio de 500 libras al recorrer el trayecto Liverpool-Manchester en 1829.

La primera locomotora eléctrica utilizable fue construida por el alemán Werner von Siemens. En el año 1879, fue presentada en la Exposición Comercial de Berlín.

La "Flying Scotsman", una de las locomotoras más famosas del mundo.

El tren francés **Mistral,** de propulsión eléctrica, que recorre el trayecto París-Marsella con un promedio de 120 Km por hora.

El primer monocarril fue construido en 1824. En el tipo Alweg de 6 coches, utilizado en Estados Unidos y Japón, los vagones se deslizan sobre una viga de hormigón mediante ruedas con llantas de goma que corren horizontalmente sobre la parte superior y la inferior de dicha viga. La toma de corriente está instalada en un costado de la viga.

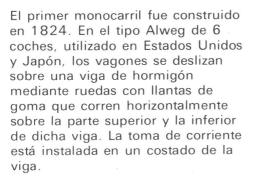

Turbo-tren de los Ferrocarriles Nacionales Canadienses. Es más ligero y rápido que un tren convencional. Los ferrocarriles de Canadá tienen una extensión total de 37.500 km.

En 1969 fue inaugurada la línea Victoria en el metro londinense, la más automatizada del mundo.

Derecha: El viaje de 9.500 Km entre Moscú y Vladivostok requiere nueve días. El servicio corre a cargo del ferrocarril Transiberiano y no es necesario cambiar de tren en todo el trayecto.

La historia del vuelo

El hombre siempre ha anhelado volar como las aves, y fueron muchos los que trataron de hallar el secreto del vuelo de éstas. El italiano Leonardo da Vinci dibujó los planos de una máquina voladora y de un paracaídas, pero en su época el vuelo no era más que una ilusión. El primer vuelo en la historia del hombre tuvo lugar con un globo de aire caliente. Los dos hermanos Montgolfier fabricaron un globo de tela y papel, lo pintaron con alegres colores y un buen día dos pasajeros subieron a la barquilla. Después se encendió una hoguera debajo del globo… y éste ascendió por los aires. El hombre había aprendido a volar. Los primeros hombres que volaron en un aeroplano accionado por sus propios medios, fueron también dos hermanos, los norteamericanos Wilbur y Orville Wright. El pequeño avión construido por ellos tenía alas, un timón y una hélice. Un motor como el de los automóviles accionaba la hélice. Esta máquina se sostuvo en el aire sólo durante unos pocos segundos. Años más tarde, el francés Louis Blériot atravesó el canal de la Mancha en un avión. Después, dos aviadores ingleses, John Alcock y Arthur Whitten-Brown, cruzaron el Atlántico. Hay muchos tipos diferentes de aviones. Algunos de ellos pueden despegar desde la cubierta de un buque. Los helicópteros no tienen alas y vuelan gracias a una gran hélice llamada rotor y montada en la parte superior del aparato. Los aviones modernos son propulsados por motores de reacción. El gas caliente brota de la parte posterior del motor e impulsa el avión hacia delante. Los reactores alcanzan grandes alturas y velocidades enormes. Los aviones de línea son gigantescos y transportan pasajeros a todos los rincones del mundo. El hombre ha llegado ya a la Luna y este viaje ha sido realizado en cohete. En un día no lejano, visitará también los planetas Marte y Venus.

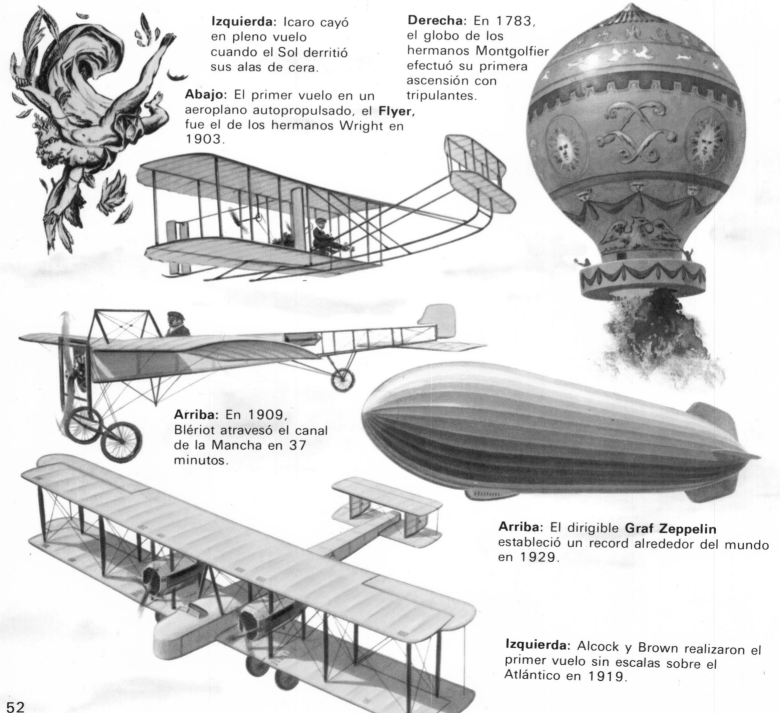

Izquierda: Icaro cayó en pleno vuelo cuando el Sol derritió sus alas de cera.

Abajo: El primer vuelo en un aeroplano autopropulsado, el **Flyer,** fue el de los hermanos Wright en 1903.

Derecha: En 1783, el globo de los hermanos Montgolfier efectuó su primera ascensión con tripulantes.

Arriba: En 1909, Blériot atravesó el canal de la Mancha en 37 minutos.

Arriba: El dirigible **Graf Zeppelin** estableció un record alrededor del mundo en 1929.

Izquierda: Alcock y Brown realizaron el primer vuelo sin escalas sobre el Atlántico en 1919.

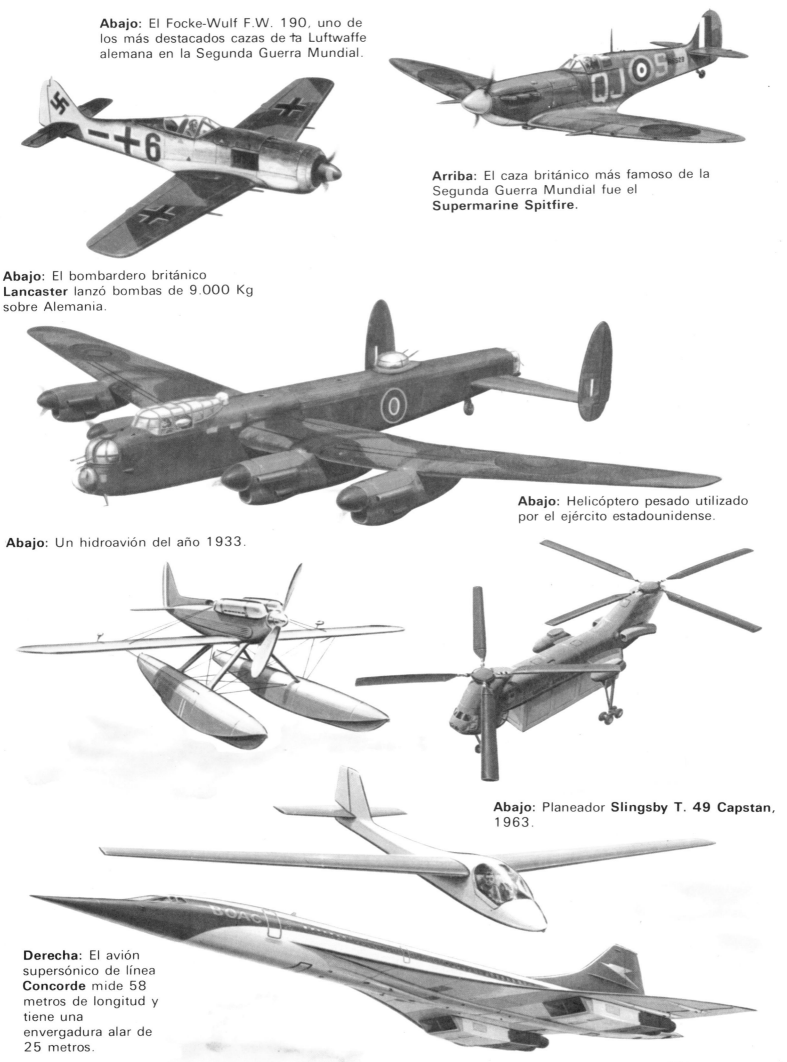

Abajo: El Focke-Wulf F.W. 190, uno de los más destacados cazas de la Luftwaffe alemana en la Segunda Guerra Mundial.

Arriba: El caza británico más famoso de la Segunda Guerra Mundial fue el **Supermarine Spitfire**.

Abajo: El bombardero británico **Lancaster** lanzó bombas de 9.000 Kg sobre Alemania.

Abajo: Helicóptero pesado utilizado por el ejército estadounidense.

Abajo: Un hidroavión del año 1933.

Abajo: Planeador **Slingsby T. 49 Capstan**, 1963.

Derecha: El avión supersónico de línea **Concorde** mide 58 metros de longitud y tiene una envergadura alar de 25 metros.

El hombre en el espacio

La Tierra está rodeada por el aire de su atmósfera. Más allá de ésta, hay espacio. El hombre puede viajar a través del espacio en naves propulsadas por cohetes. Los rusos fueron los primeros en enviar al espacio un satélite artificial. El primer viajero del espacio fue una perrita rusa llamada Laika. Los satélites pueden enviar información muy útil a la Tierra. Un satélite llevó al primer hombre hasta el espacio: el ruso Yuri Gagarin. Los primeros hombres que pisaron la Luna fueron los norteamericanos Neil Armstrong y Edwin Aldrin. Su astronave estaba fijada en el extremo de un cohete gigantesco que la llevó hasta el espacio, donde continuó el sensacional viaje. Desde la Tierra, vimos en la televisión cómo los astronautas salían

Abajo, izquierda: El comandante Yuri Gagarin, ruso, fue el primer hombre que describió órbitas alrededor de la Tierra y regresó con vida. Ejecutó esta proeza el 12 de abril de 1961, con su cosmonave "Vostok 1".

Lanzamiento del Saturno V, el poderoso cohete americano que situó el Apolo 11 en su camino hacia la Luna. Todos los vuelos espaciales norteamericanos se efectúan desde Cabo Kennedy, en Florida. Los cohetes espaciales son enormes y llevan gran cantidad de carburante. Los astronautas viajan dentro de la cápsula, que también contiene los instrumentos, la radio y oxígeno. El Apolo 11 llevó a tres astronautas norteamericanos —Neil Armstrong, Edwin Aldrin y Michael Collins— hasta la Luna. Fue un momento histórico el del 21 de julio de 1969, cuando el hombre pisó por vez primera la Luna.

de su nave para caminar sobre la superficie de la Luna. Recogieron polvo y rocas lunares y las trajeron a la Tierra. En el espacio no hay aire, y los astronautas han de llevar una gran reserva de aire en sus naves. Cuando salen de sus naves utilizan trajes espaciales. Las naves enviadas a la Luna se llaman sondas. Hoy se están enviando sondas a los planetas. Venus y Marte son los planetas más cercanos a la Tierra. No se tardará en colocar en órbita una estación espacial, pues las astronaves necesitan una especie de garaje en el espacio si se trata de realizar largos viajes sin regresar a la Tierra para aprovisionarse. En la estación habrá un taller y los astronautas podrán instalarse en ella.

Arriba: Neil Armstrong fue el primer hombre que puso pie en la superficie de nuestro satélite. Al bajar por la escala del módulo lunar, dijo: "Para un hombre, esto es un paso pequeño, pero es un salto gigantesco para la humanidad."

Arriba: Encuentro y unión de dos astronaves en el espacio. Esta maniobra recibe el nombre de atraque.

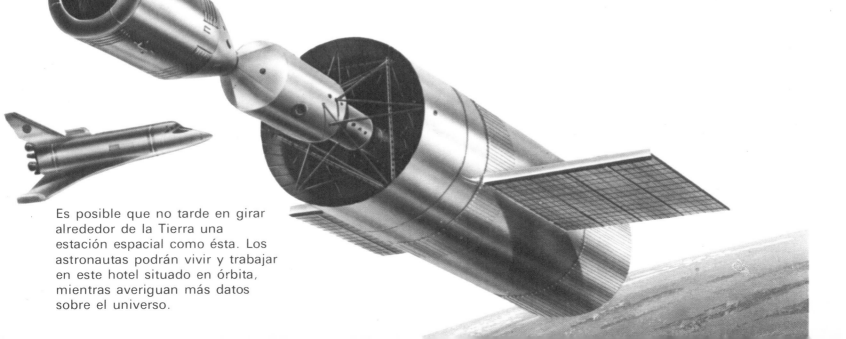

Es posible que no tarde en girar alrededor de la Tierra una estación espacial como ésta. Los astronautas podrán vivir y trabajar en este hotel situado en órbita, mientras averiguan más datos sobre el universo.

Las comunicaciones

Cuando hablamos, utilizamos palabras. Las palabras son un medio sencillo de comunicación, pero podemos comunicarnos por otros muchos medios. Podemos gesticular, estrecharnos las manos, asentir o denegar con la cabeza, sonreir o fruncir el ceño. Los bebés lloran. Los perros ladran y mueven la cola. Los gatos maullan y ronronean. Los pájaros gorjean. Los caballos relinchan. Todo ello representa un intercambio de información. La comunicación es un aspecto muy importante de nuestras vidas. La radio, la televisión, los libros, las películas, los cuadros y la música son medios de comunicación. Los sordomudos pueden ''hablar'' utilizando un lenguaje de signos. Hay pueblos africanos que se transmiten mensajes por medio de tambores. Los incas llevaban sus cuentas mediante nudos en mechas de lana de diferentes longitudes, colores y gruesos. Las campanas expresan mensajes de alegría, de pesar o de alerta. Los mapas son una forma de lenguaje. Los periódicos nos traen noticias de todo el mundo. Podemos hablar con nuestros amigos por medio del teléfono. La policía, los bomberos y las ambulancias pueden aportar rápida ayuda apenas son avisados telefónicamente. Podemos escribir una carta y mandarla por correo. Podemos enviar un telegrama. Los cables transmiten mensajes en forma de señales eléctricas. En el fondo de los océanos, hay gran cantidad de cables por los que circulan mensajes de un continente a otro.

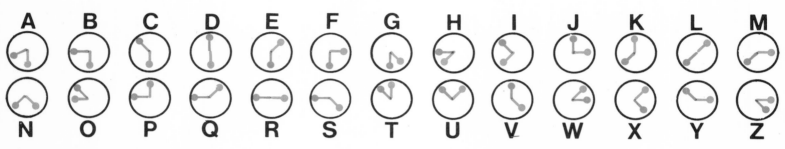

El semáforo: Con una bandera en cada mano se puede transmitir un mensaje.

Sala de operación en una gran central telefónica.

Derecha: Guglielmo Marconi, inventor italiano, construyó la primera radio en 1895.

Izquierda: El código Morse es empleado para enviar mensajes por telégrafo. Es un sistema de puntos y rayas basado en el alfabeto.

La Torre de Correos, en Londres. Sus antenas captan y retransmiten millares de llamadas telefónicas y, al mismo tiempo, manejan varios canales de televisión.

Izquierda: El escocés John Logie Baird es conocido con el apodo de Padre de la Televisión. Realizó sus primeros experimentos con los lentes de dos lámparas cíclicas, una linterna, piezas de un equipo de radio, cordel, cera, pegamento y un viejo motor eléctrico. La BBC utilizó el sistema Baird durante siete años, antes de cambiarlo por otro.

Arriba: Moderno estudio de televisión, con sus cámaras, sus operadores, sus micrófonos y sus poderosos reflectores.

Un especialista ajusta el equipo lumínico.

Abajo: Los satélites de comunicación retransmiten llamadas telefónicas y programas de televisión entre los diferentes países.

Telstar

Early Bird

Derecha: La estación terrestre de Goonhilly Downs. Sigue la trayectoria de los satélites y, a través de ellos, envía y recibe señales de televisión, teléfono y telégrafo.

57

El mundo del arte

La música, la pintura, la escultura, la literatura, la cerámica, la tapicería, la arquitectura y la danza son otras tantas formas del arte. Los artistas emplean sus habilidades y talentos naturales para mostrarnos lo que ellos ven, para comunicarnos sus pensamientos, sus sentimientos y los ensueños de su imaginación. El arte es una fuente de placer en muy diversos aspectos. La danza es la más antigua de todas las artes. La melodía y el ritmo han acompañado siempre al hombre. Los profesionales del ballet narran una historia sin emplear palabras. Antes de que hubiera libros, los juglares errantes cantaban historias a través de sus canciones. Actores trashumantes representaban comedias y tragedias, dramas y pantomimas. Los primeros libros fueron escritos en largos rollos de papiro, una especie de papel fabricado con plantas parecidas a los juncos. Los autores literarios escriben libros. Los poetas componen versos. Los compositores escriben partituras musicales. Los actores y actrices representan obras teatrales. Los joyeros elaboran magníficos broches, brazaletes y collares de oro y plata. Otros artistas pintan sobre papel con colores disueltos en agua, o sobre tela con pinturas al óleo. Los arquitectos proyectan toda clase de edificios. Los ceramistas fabrican hermosas piezas de arcilla. Hace mucho tiempo, el hombre descubrió que podía modelar con sus propias manos recipientes y jarros empleando arcilla húmeda. Los escultores trabajan sobre barro, madera, metal y piedra. Utilizan sus herramientas para dar formas maravillosas a sus materiales y convertirlos en estatuas. Los tejedores crean tapices que son verdaderos cuadros.

Vincent van Gogh, pintor holandés de la escuela expresionista. Lo vemos aquí en el momento de pintar unos girasoles.

Abajo: El arquitecto suizo Le Corbusier reconstruyó en 1952 la iglesia de Notre-Dame en Ronchamp, destruida por un bombardeo, con un estilo totalmente nuevo. Proyectaba sus casas como "máquinas de vivir".

Leonard Bernstein, compositor, director y pianista norteamericano. El director utiliza una batuta y los movimientos de sus manos para indicar a los músicos de la orquesta cómo han de interpretar una pieza.

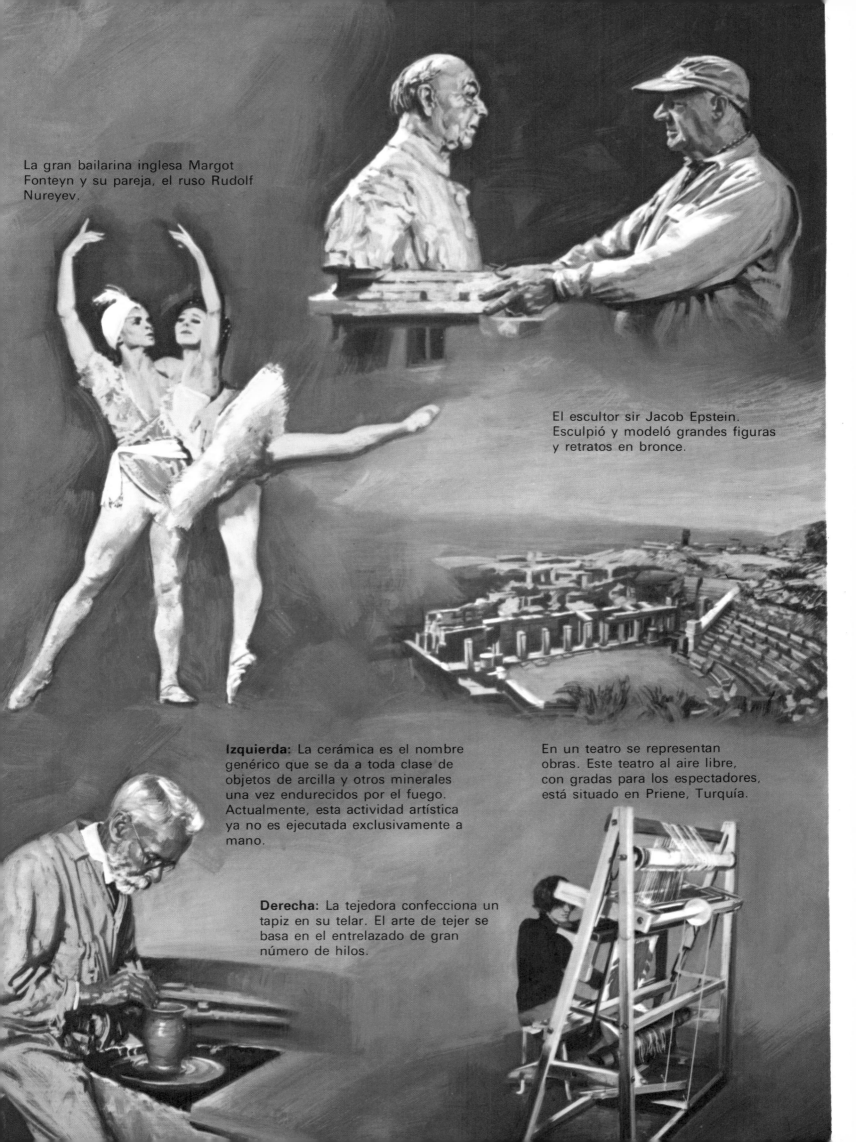

La gran bailarina inglesa Margot Fonteyn y su pareja, el ruso Rudolf Nureyev.

El escultor sir Jacob Epstein. Esculpió y modeló grandes figuras y retratos en bronce.

Izquierda: La cerámica es el nombre genérico que se da a toda clase de objetos de arcilla y otros minerales una vez endurecidos por el fuego. Actualmente, esta actividad artística ya no es ejecutada exclusivamente a mano.

En un teatro se representan obras. Este teatro al aire libre, con gradas para los espectadores, está situado en Priene, Turquía.

Derecha: La tejedora confecciona un tapiz en su telar. El arte de tejer se basa en el entrelazado de gran número de hilos.

Los instrumentos musicales

Hay tres grupos de instrumentos musicales: los de cuerda, los de viento y los de percusión. Los instrumentos de cuerda se tocan pasando un arco a través de las cuerdas o percutiendo éstas por medio de las puntas de los dedos o con macillos. El violín, la viola, el violoncelo y el contrabajo son instrumentos de cuerda. Las cuerdas del arpa son punteadas con los dedos. Las cuerdas de un piano son golpeadas por los macillos. El pianista oprime las teclas y éstas hacen que los macillos percutan las cuerdas. La guitarra, la bandurria, el banjo y la cítara son también instrumentos de cuerda. Los instrumentos de viento se tocan soplando aire en un tubo hueco. Hay instrumentos de viento de madera y los hay de metal. Sólo los primeros tienen en su interior una lengüeta. La flauta, el óboe, el clarinete, el saxofón, el flautín y el fagot pertenecen a la familia de los instrumentos de madera. La trompa, la trompeta, la corneta, el trombón y la tuba pertenecen a la familia del metal. No todos los instrumentos del primer grupo son de madera, pues los hay de metal y de marfil. Tampoco los del grupo del metal son todos ellos metálicos, ya que los hay de cuerno, de marfil y de madera. En cuanto al metal, puede ser bronce, plata o cobre. Los tambores, los triángulos, los platillos y el xilófono son instrumentos de percusión, que son golpeados para producir sonido. Los triángulos son percutidos por una varilla metálica. Los platillos se hacen chocar entre sí. Las panderetas son sacudidas. Los tambores son de piel tensada sobre un bastidor. Para golpearlos se utilizan los palillos. Una orquesta está formada por varios músicos que tocan conjuntamente diversos instrumentos, bajo las órdenes de un director. Si no hay instrumentos de cuerda, el grupo de músicos recibe el nombre de banda.

Abajo: La trompeta tiene una cavidad estrecha y larga con una boquilla en forma de copa en un extremo y una abertura ancha en el otro.

Izquierda: Este violín fue fabricado por Antonio Stradivarius, uno de los constructores de violines más famosos de todas las épocas. Stradivarius nació en Cremona, Italia.

Derecha: Un clarinete, el instrumento principal en las bandas militares. A veces es empleado como instrumento solista.

Los africanos tienen gran habilidad en la fabricación de instrumentos musicales. Este tambor procede del África Occidental.

ACTA
VIRVM
PROBANT · 1634 ·

El clavicémbalo es u
instrumento de tecl
que aparece en el
fue construido po
Ruckers en Amb
1634, y todavía se u
en Inglaterra.

La sección de
percusión de una
orquesta incluye los
timbales, la caja, el
bombo, los platillos, el
gong, el triángulo y la
pandereta.

Arriba: Ciertos instrumentos
de cuerda, como la guitarra,
se tocan punteando las
cuerdas para producir notas,
lo que se hace con los
dedos o con una pieza
pequeña de madera llamada
plectro.

Arriba: Se necesitan
muchísimas horas de
práctica para llegar a
ser un buen pianista.
Los pianos de cola son
grandes y muy caros.
Para una casa, es más
práctico un piano
vertical.

deportes

Personas de todas las edades disfrutan practicando algún deporte. Para los adultos, los deportes representan un descanso en su trabajo cotidiano. Hay personas a las que gustan los deportes que les exigen un ejercicio intenso. Otras prefieren deportes que les obliguen a pensar. Hay deportes que pueden ser practicados por una sola persona, como el golf, los bolos, el tiro al arco y la natación. Esta última ejercita todos los músculos del cuerpo. El tenis, el boxeo, la esgrima y la lucha requieren un contrincante. El tenis exige un jugador en cada lado (individuales), o dos en cada lado (dobles). Los deportes de equipo necesitan una acción rápida y una labor conjunta. Esta labor de equipo nos enseña a trabajar junto a los demás para conseguir un objetivo final. En todo el mundo hay multitud de aficionados a deportes tales como el fútbol, el rugby, el baloncesto, el béisbol y el hockey. Todos los deportes son competitivos y emocionantes. Los Juegos Olímpicos fueron unos de los primeros festivales deportivos y se celebraban en Grecia. Las Olimpiadas modernas son grandes encuentros internacionales deportivos, celebrados en diferentes países. En ellos toman parte atletas de casi todas las naciones. Las pruebas son numerosas y abarcan, entre otras, las carreras sobre diferentes recorridos, el salto de altura, el salto de longitud, el salto con pértiga, y el lanzamiento del disco y del martillo. Hay también pruebas de equitación, de tiro y de levantamiento de pesos. El buen deportista es aquel que sabe ganar sin jactarse de ello, y que es capaz de perder con toda dignidad y sin enojarse por su derrota.

Jóvenes y adultos se entusiasman con el deporte. Entre otras ventajas, éste permite hacer amistad con muchas personas.

Cricket

Salto de trampolín

Fútbol

Hípica

Los deportes individuales son populares. Los deportes de equipo estimulan la labor colectiva. El deporte es una parte importante de la vida.

Tenis

Boxeo

Carrera de vallas

COLECCIÓN GRANDES LIBROS EN COLOR

Índice

Edición original publicada en inglés bajo el título: BOYS' AND GIRLS' ENCYCLO-
PEDIA por The Hamlyn Publishing Group Ltd.
Copyright 1973 The Hamlyn Publishing Group Ltd.
Copyright 1974 EDITORIAL MOLINO
Calabria, 166 — Barcelona (15)
Depósito legal: B. 16.704 - 1974 — Número de Registro: 1753-74
Impreso en España - Printed in Spain — I.G. Sorpama - **Paraguay, 12** - Barcelona
ISBN: 84-272-5428-8